KB210633

준비하고 있으라

시험의 때를 면하게 하리라

내가 너를 지켜

준비하고 있으라

김남국

규장

재난 가운데 사는 성도들의 천국 백성 준비

코로나바이러스감염증-19(코로나19)이 창궐한 2020년은 전 세계를 큰 충격으로 몰아넣은 분기점이 되었다. 앞으로 우리는 '코로나19' 이전과 이후로 나누어 이야기하게 될 것이다. 이 엄청난 사건이 우리에게 주는 의미가 무엇이고, 또 하나님 나라를 바라며 기다리는 그리스도인에게는 어떤 의미가 있는지 이해할 필요가 있다.

그 무엇도 예측할 수 없는 시대

나는 2020년을 청소년 바이블캠프에 참가한 이들에게 예수님의 천국 비유를 중심으로 말씀을 가르치며 시작했다. 그리고 연이어 교회 청년들과 함께 필리핀 빈민 지역 선교를 다녀왔다. 그런데 필리핀으로 떠나기 직전에 따까이따이 지역 휴화산이 폭발했다는 소식을 접했다. 우리가 가서 사역할 지역과도 멀지 않은 곳이어서 더 많은 기도와 준비가 필요했다. 화산재가 날릴 것에 대비해 마스크를 많이 가져갔는데, 선교 사역을 마치고 귀국할 때쯤 우리는 코로나바이러스의 전염성이 상당하다는 뉴스를 접하고 선교지에 남기고 오려고 했던 마스크를 단단히 쓰고 한국으로 돌아오게 되었다.

이후 2,3월의 한국은 코로나19로 매우 심각한 상황을 겪었다. 많은 교회가 예정된 수련회를 취소했고, 더 나아가 교회에서 교인들이 함께 모여 예배를 드릴 수 없게 되었다. 나는 그때까지 전염병 때문에 교회에서 예배를 드릴 수 없는 날이 오리라고는 상상해본 적이 없었다. 우리나라뿐 아니라 온 세계가 이 엄청난 위기를 겪었고, 그로 인해 2020년의 모든 사역과 계획에 차질이 생겼다.

사실 2020년은 나에게 특별히 기대가 되는 해였다. 연초에 바이블캠프와 필리핀 선교를 마친 뒤 4월부터 오래 기도하며 준비해온 대로 마커스워십과 함께 미국 동부 지역에서 사역할 예정이었다. 7월에는 안식월을 맞아 가족들과 여행할 계획을 세웠고, 가을에는 교회 성도들과 함께하는 소아시아 지역 성지순례도 계획해두었기 때문이다.

그런데 이 모든 계획이 코로나19로 인해 연기되고 취소되거나 불확실해졌다. 더 나아가 앞으로 어떤 계획을 세워야 할지 막막해졌다. 내년에 다시 필리핀 빈민 선교를 갈 수 있을지, 국내뿐만 아니라 해외 사역이 재난과 전염병으로 가능할지 알 수 없었다. 아니 이보다 더 심각한 재앙이 온다면 '이 땅의 그리스도인은 어떻게 믿음을 지키며 살아야 할까?' 이런 위기 속에서 청년들은 결혼하기가 무섭고, 아이를 낳아서 기르는 것은 더 두렵다고 말한다. 우리는 어느덧 말세에 한 발짝 더 가까이 다가갔고, 앞으로 다가올 시대를 과연 대비하고 살아갈 수 있을지 의문이다.

예수님이 미리 경고하신 일

그러나 우리가 얼마나 걱정하든지 상관없이 성경은 이 같은 시대를 준비하라고 계속해서 외치고 있었다. 예수님은 우리에게 비유로 가르치셨는데, 그 비유는 대부분 천국에 대한 비유이다. 예수님은 하나님나라를 꿈꾸는 자들이 무엇을 준비해야 하고, 어떻게 살아야 하는지 성경을 통해 비유와 교훈으로 미리 알려주셨다.

예수님은 십자가 죽음을 앞에 두고 예루살렘 성전의 멸망을 예언하셨다. 그 가르침을 들은 제자들은 "우리에게 이르소서 어느 때에 이런 일이 있겠사오며 또 주의 임하심과 세상 끝에는 무슨 징조가 있사오리이까"(마 24:3)라고 묻는다. 그러자 예수님께서 재림하시기 전에 있을 세상 징조에 대해 가르쳐주신다.

4 예수께서 대답하여 이르시되 너희가 사람의 미혹을 받지 않도록 주의하라 5 많은 사람이 내 이름으로 와서 이르되 나는 그리스도라 하여 많은 사람을 미혹하리라 6 난리와 난리 소문을 듣겠으

나 너희는 삼가 두려워하지 말라 이런 일이 있어야 하되 아직 끝은 아니니라 7 민족이 민족을, 나라가 나라를 대적하여 일어나겠고 곳곳에 기근과 지진이 있으리니 마 24:4-7

예수님이 이 땅에 다시 오시기 전에 난리와 난리 소문, 곳곳에 기근과 지진 등 재난이 있으리라고 예언하셨다. 인류의 역사는 끊임없는 난리와 난리, 민족과 민족의 싸움, 재난의 연속이었다. 그래서 우리는 그 징조에 점점 무감각해져 간다. 그런데 코로나19로 인해 우리는 난리가 무엇인지 확실히 깨닫게 되었다. 전에는 난리와 난리, 재난과 재앙이 지엽적이고 소규모였지만, 이제는 전 세계가 함께 겪는 문제로 확대된 것이다.

문득 청년 때 읽으면서도 무슨 뜻일까 궁금했던 요한계시록이 떠올랐다. 요한계시록의 말씀이 미래의 막연한 상징을 넘어서서 지금 내 주위에서 일어나는 실제적인 말씀으로 다가온 것이다.

6 일곱 나팔을 가진 일곱 천사가 나팔 불기를 준비하더라 7 첫째 천사가 나팔을 부니 피 섞인 우박과 불이 나와서 땅에 쏟아지매 땅의 삼 분의 일이 타 버리고 수목의 삼 분의 일도 타 버리고 각종 푸른 풀도 타 버렸더라 8 둘째 천사가 나팔을 부니 불붙는 큰 산과 같은 것이 바다에 던져지매 바다의 삼 분의 일이 피가 되고 9 바다 가운데 생명 가진 피조물들의 삼 분의 일이 죽고 배들의 삼 분의 일이 깨지더라 계 8:6-9

여기서 말하는 땅의 삼분의 일, 바다의 삼분의 일이라는 표현이 낯설지 않은 시대가 되었다. 코로나19는 인류 역사의 기근과 재앙이 부분을 넘어 지구 전체로 확장되었음을 알리는 신호탄이다. 그런데 문제는 이것이 끝이 아니라 재난의 시작이라는 것이다.

이 모든 것은 재난의 시작이니라 마 24:8

주님의 말씀을 따라 사는 성도의 삶

이 난리가 시작되기 전에 내가 바이블캠프에서 예수님의 비유를 가르친 것은 큰 은혜였다. 그 시간을 통해 앞으로 계속될 재난 가운데서 그리스도인으로서 어떻게 살아야 하는지 알게 되었기 때문이다. 그것이 이 책을 쓰게 된 계기이기도 하다.

　이 책은 환난과 재앙을 이기는 법에 대해 말하지 않는다. 환난과 재앙에 초점을 맞춰서 두려움을 강조하지도 않는다. 그저 예수님의 말씀을 따라가면서 성경이 가르치는 천국 비유에 대해 함께 공부해보려고 한다. 그리스도인들은 코로나19만 지나가면 되는 그런 삶을 살지 않는다. 앞으로 우리가 알 수 없는 수많은 환난과 어려움이 성도의 삶에 있을 것이다. 우리는 그 모든 과정을 지나 천국에 이를 것이다. 코로나19 같은 어려움을 겪을 때도 있고, 잠시의 평화로움이 우리를 나태하게 만들지도 모른다. 분명한 것은 우리가 모두 종말을 향해 가고 있다는 것이다. 그래서 이 책은 이미 말씀해주신 주님의 가르침을 따라 천국을 바라보고 사는 성도들이 무엇을 준비하며 어떤 자세로 살아야 하는지 찾아보려고 한다.

늘 그렇듯 성도는 성경을 보고 따라가야 한다. 왜냐하면 그것이 하나님께서 우리에게 요구하시는 가장 기본적이고 완벽한 삶의 태도이기 때문이다. 우리 하나님은 살아 계신 하나님이시다. 앞으로 더 무서운 재난이 온다 할지라도 우리가 소망을 갖는 것은 살아 계신 주님이 그때도 함께하실 것을 알기 때문이다. 재난의 두려움에 빠지지 말고 그 속에서 일하시는 주님을 바라보라. 이 마지막 때에 준비된 그리스도인의 삶을 살아가는 성도가 많아지기를 소망한다.

볼지어다 내가 세상 끝날까지 너희와 항상 함께 있으리라 마 28:20

김남국

contents

오직 깨어 준비하라

chapter 1

말세에 깨어 있어야 할 이유

성경은 마지막 때에 환난이 있을 것을 말하고 있다. 종말(終末)은 그 말 자체로 두려움을 준다. 종말이 그냥 지나가는 사건이 아니라 고통과 환난이 같이 온다는 것을 알기 때문이다. 이번 코로나바이러스는 마지막 때에 어려운 시기가 닥쳐올 것이며, 우리가 그다음 단계로 넘어간다는 것을 알려주시는 하나님의 징조이기 때문에 중요하다.

　어떤 면에서 우리는 지금 믿음의 모의고사를 준비하고 있는 셈이다. 학생들이 모의고사를 통해 자신의 실력이 어느 정도인지 확인하듯이, 코로나19는 지금 우리 믿음의 실력을 가늠해보고 준비하라고 주시는 귀중한 기회이다. 그런데 이렇게 시대의 징조가 확실한데도 우리는 그다음을 준비하지 않고 있다.

재난의 때, 나의 현실이 되다

말세의 때가 가까워진 지금, 나는 코로나19로 인해 주님이 말세에 일하시는 방법과 세상의 상황을 더 이해하게 되었다. 예전에 종말론을 가르칠 때는 오늘날과 같은 긴장감이 별로 없었다. 그때는 나 역시 종말이 아주 먼 미래라고 생각했다. 그러나 지금은 깨어서 제대로 신앙생활을 하지 않으면 환난을 이기지 못하는 시대에 접어들었다.

우리가 이 코로나의 상황을 답답해하는 것은, 지금까지 지속해온 우리의 삶이 코로나로 인해 틀어졌기 때문이다. 우리는 지금 코로나로 인해 마음대로 밖을 돌아다니거나 자유롭게 사람들과 만나거나 여행하는 것이 어려워졌다. 우리의 자유가 심각하게 틀어졌다. 그래서 사람들이 스트레스를 받고 우울해하는 것이다.

또한 코로나19로 경제에 심각한 타격을 입었다. 사람들은 대부분 먹고사는 문제로 고민한다. 직장 문제, 재정 문제로 힘들어한다. 예전에도 사는 게 팍팍했지만, 점점 더 살기 어려워져 간다고 한다. 그런데 지금 우리가 고민하는 문제들을 보면 그것을 가리켜 '성도의 삶'이라고 말하기는 어렵다. 왜냐하면 세상 사람들의 삶과 다를 바가 없기 때문이다. 성도의 삶은 이 차원에서 한 단계 더 깊어져야 한다.

우리의 인생은 이 땅에서 사는 것으로 끝나지 않는다. 우리에게는 인생의 목적지가 있다. 이 땅의 삶을 마치고 하나님나라에 가는 것까지가 목적이다. 그 목적지를 바라보고 오늘 우리의 삶을 점검해야 한다. 그런데 우리는 종종 그 목적지를 잊은 채 살아간다. 성도라면 천국을 바라보며 살아야 한다는 것을 알지만, 안타깝게도 지금 우리의 관심과 삶의 고민은 이 땅에 묶여 있다.

우리는 성경이 말하는 환난과 재난이 있다는 것을 막연히 알고 있다. 그런데 그 환난과 재난이 지금 나의 현실에 있다는 사실에 크게 당황하고 깜짝 놀란다. 환난과 재난은 먼 훗날 우리의 자손들에게나 있을 일이라 생각하고, 그들을 불쌍히 여기고, 그들이 살아갈 미래를 걱정했다. 자신들은 이 땅에서 잘 믿고 잘 살다가 천국에 갈 것으로 믿은 것이다.

그런데 코로나와 같은 재난이 일어나자 종말이 미래에 일어날 어떤 사건이 아닌, 현재를 살아가는 우리에게 좀 더 가까운 일임을 깨닫게 되고, 그래서 하나님나라에 갈 때까지 이런 재앙이 있다는 것과 우리가 살아가는 현실 속에 이런 일이 벌어질 수 있다는 사실에 크게 두려워하는 것이다.

너는 이것을 알라 말세에 고통하는 때가 이르러 딤후 3:1

준비하지 않으면 무너진다

코로나19로 학생들의 등교 수업이 제대로 이뤄지지 않으면서 고3 수험생의 경우 학력 중간층이 사라졌다고 한다. 자율적으로 공부할 수 있는 학생들은 성적을 유지하지만, 그렇지 못한 학생들은 무너지는 것이다. 마지막 때 우리의 신앙도 마찬가지이다. 요즘 우리의 신앙도 중간층이 없어졌다. 하나님을 더 붙잡고 나아가는 사람들이 있는가 하면, 아예 하나님을 놓치고 살아가는 사람들도 생겼다.

코로나19 초기에는 성도들이 나서서 열심을 내었다. 그런데 코로나19가 장기화되고 있는 지금은 어떠한가? 가정에서 아이들과 드리는 예배부터 무너지기 시작했다. 아무리 온라인 예배가 송출되더라도 7세 아이들이 스스로 예배의 자리를 지키기는 어렵다. 부모가 챙겨주지 않으면 아이들은 예배를 드릴 수가 없다. 지금 우리 아이들은 교회에 나오는 것을 잊어버렸다. 주일을 어떻게 보내야 하는지 모르는 아이들이 생겨났다. 부모가 아이들을 붙잡고 예배를 가르치면 믿음으로 자라고, 부모가 그렇게 하지 못하면 신앙의 격차가 벌어지게 된다. 준비하는 자와 아닌 자의 차이가 벌어지는 것이다.

말세는 고통하는 때이고 재난의 시기이다. 재난에는 사람의 부주의로 일어나는 인재(人災)도 있다. 마찬가지로 신앙에도 인재가 있다. 하나님이 준비하라고 하신 대로 준비하면 인재의 피해를 최소화하고 그 고통의 시기를 이겨낼 수 있지만, 이를 대비하지 않으면 무너지고 만다. 그래서 말세가 더욱 두려운 것이다. 지금이 말세임을 깨닫고 준비하며 나아가는 싸움을 해야 할 때가 본격적으로 다가왔다. 우리는 이 말세에 깨어 있어야 한다.

고통스러운 날이 다가오고 말세에 재난이 있다 할지라도 그것을 견디는 이유는 말세가 고통으로만 끝나는 것이 아니기 때문이다. 그 끝에 주님이 오시고 새 하늘과 새 땅, 천국으로 인도되는 소망이 있기 때문이다. 그런데 문제는 주님이 언제 오실지 모른다는 것이다.

언제 오실지 모르는 주님

36 그러나 그날과 그때는 아무도 모르나니 하늘의 천사들도, 아들도 모르고 오직 아버지만 아시느니라 37 노아의 때와 같이 인자의 임함도 그러하리라 마 24:36,37

세상에서 가장 두려운 것은 '모르는 두려움'이다. 코로나19

가 왜 이렇게 힘든가? 우리가 알지 못하는 상황이 계속해서 벌어진다는 데 두려움을 느끼기 때문이다. 기한이 언제까지인지 모르기 때문에 그렇다. 기한이 있다면 어떻게든 그때까지 버티면 된다. 그러나 기한 없이 시시각각 변화하는 상황 속에서 우리는 고통스러울 수밖에 없다. 실제로 코로나19가 해결되더라도 또 다른 바이러스가 출현할 수 있다거나 변이 바이러스가 나타날 거라는 예측이 우리를 두렵게 만든다. 예수님이 언제 오실지 모른다는 것이 우리를 두렵게 만든다.

38 홍수 전에 노아가 방주에 들어가던 날까지 사람들이 먹고 마시고 장가들고 시집가고 있으면서 39 홍수가 나서 그들을 다 멸하기까지 깨닫지 못하였으니 인자의 임함도 이와 같으리라 마 24:38,39

노아의 시대, 인류는 홍수로 심판을 받았다. 그 당시 타락상은 매우 심각하고 만연했다. 그러나 마태복음 24장에서는 구체적인 죄의 목록을 열거하는 것이 아니라 "먹고 마시고 장가들고 시집가고 있으면서"라고 말한다. 이것은 일상생활을 말하는 것이다. 똑같이 일상생활을 하다가 주님이 오셨는데, 구원받는 자와 구원받지 못한 자가 결정된다는 것이다. 따라서 주님이 언제 오실지 모르는 가운데 우리는 일상을 잘 살아야 한다. 우리가 언제 어떤 일을 하다가 주님 앞에 불려갈지 모르는 것이다. 종말이 다가올수록 우리의 삶과 우리의 감정이 미혹되어서는 안 된다. 마지막 때는 미혹의 때이다.

마지막 때에 한 사람은 데려가고 다른 한 사람은 버려둠을 당할 것이다(마 24:40). 이것이 우리에게 가장 어려운 문제이다. 주님이 언제쯤 오신다고 말씀해주시면 좋을 텐데, 우리가 살아가면서 무엇을 할 때 언제 주님이 오실지 모르기 때문에 정확하게 준비할 수가 없다.

깨어 있으라

그러나 성경은 주님이 언제 오실지는 모르지만, 그때가 가까울수록 징조가 드러난다고 강조한다.

42 그러므로 깨어 있으라 어느 날에 너희 주가 임할는지 너희가 알지 못함이니라 43 너희도 아는 바니 만일 집주인이 도둑이 어느 시각에 올 줄을 알았더라면 깨어 있어 그 집을 뚫지 못하게 하였으리라 44 이러므로 너희도 준비하고 있으라 생각하지 않은 때에 인자가 오리라 마 24:42-44

주님은 우리에게 "깨어 있으라"(42절), "깨어 있어"(43절), "준비하고 있으라"(44절)라고 반복해서 말씀하신다. 마태, 마가, 누가 모두 마지막 징조에 대해서 강조한다. 동일한 말씀이 마가복음 13장에도 나온다.

> 33 주의하라 깨어 있으라 그때가 언제인지 알지 못함이라… 35 그러므로 깨어 있으라 집주인이 언제 올는지 혹 저물 때일는지, 밤중일는지, 닭 울 때일는지, 새벽일는지 너희가 알지 못함이라… 37 깨어 있으라 내가 너희에게 하는 이 말은 모든 사람에게 하는 말이니라 하시니라 막 13:33,35,37

마가 또한 "깨어 있으라"라고 세 번이나 강조하고 있다. 히브리어와 헬라어의 최상급은 반복을 통한 강조인데, 세 번이나 반복한다는 것은 엄청나게 중요하다는 뜻이다. 하나님께서 우리에게 징조를 보여주신다면 우리는 그 징조를 따라가면 된다. 마지막 때를 살아가는 성도에게 가장 중요한 것은 마지막까지 어떻게 분별력과 깨어 있는 신앙을 유지할 것인가 하는 것이다.

실제로 어떤 환난과 징조가 다가오더라도 깨어 있고 분별할 수 있다면 아무 문제가 안 된다. 주님이 우리에게 기도를 가르쳐주실 때 "우리를 시험에 들게 하지 마시옵고"(마 6:13) 라고 하셨다. 어떤 시험이라고 구체적으로 말하지 않는다. 시험이 수만 가지여도 시험에 들지 않으면 그만이다. 유혹이 수만 가지여도 유혹에 빠지지 않으면 된다. 중요한 것은 유혹의 많고 적음의 문제가 아니라 한두 가지라도 내가 유혹에 빠지면 미혹된다는 사실이다. 우리가 깨어 있지 않고 분별력 없이 징조를 대한다면 두려움과 유혹만이 가득할 것이다. 따라서 마지막 때를 살아가는 성도는 깨어 있어야 한다.

정신을 차리고 근신하라

1 형제들아 때와 시기에 관하여는 너희에게 쓸 것이 없음은 2 주의 날이 밤에 도둑같이 이를 줄을 너희 자신이 자세히 알기 때문이라 3 그들이 평안하다, 안전하다 할 그때에 임신한 여자에게 해산의 고통이 이름과 같이 멸망이 갑자기 그들에게 이르리니 결코 피하지 못하리라 4 형제들아 너희는 어둠에 있지 아니하매 그날이 도둑같이 너희에게 임하지 못하리니 5 너희는 다 빛의 아들이요 낮의 아들이라 우리가 밤이나 어둠에 속하지 아니하나니 6 그러므로 우리는 다른 이들과 같이 자지 말고 오직 깨어 정신을 차릴지라 살전 5:1-6

우리 집 문 자물쇠가 망가졌는데, 집 근처에 도둑이 들었다는 이야기를 들으면 어떻게 할까? 주의하지 않겠는가? 밤에 더 철저히 대비하지 않겠는가? 주님은 어느 날 갑자기 오시는 것이 아니라 그 전에 징조를 보여주신다. 그러나 우리는 그 날과 그 시를 모르기 때문에 정신을 차리고 깨어 있어야 한다.

마지막을 살아가는 성도들에게 가장 중요한 것은 '근신'(謹愼)이다. 정신을 차리고 행동을 삼가며 조심하는 것이다. 또 쉽게 움직이지 않는 것이다. 성령의 열매 중에서 '절제'가 있다(갈 5:23). 절제가 없이 다른 성령의 열매를 맺으면 브레이크 없이 속력을 내는 자동차와 같다. 사랑에도 브레이크가 없으면 어떻게 될까? 부모가 자식을 너무 사랑하는데 브레이크가 없으면 그 사랑이 자식을 망치게 된다.

따라서 우리가 조심하며 깨어 있도록 하기 위해서 근신을 강조하는 것이다. 우리가 신앙생활을 제대로 한다면 어떻게 분별하며 살아가는지 그 삶에 근신의 열매가 나타나게 된다.

교회의 타락이 그 시작이다

우리가 깨어 있으려면 이 시대를 정확히 알아야 한다. 말세의 첫 번째 징조는 교회의 타락이다. 교회는 건물이 아니다. 예배

당은 예수 믿는 사람들이 모여서 예배드리는 장소에 불과할 뿐 진짜 교회는 성도들이다(고전 3:16). 우리가 바로 교회다.

흔히 "교회가 참 좋다!", "우리 교회는 따뜻해!", "우리 교회는 참 시원해!"라고 하는 말들은 성도들의 믿음에서 나온 행동을 보고 하는 말이다. 성도들이 좋을 때 교회가 좋고, 성도들이 타락하면 교회가 타락한다. 마지막 때 교회의 타락은 성도의 타락을 말하는 것이다. 성도들이 영적으로 부패하기 시작하는 증상은 다음과 같이 나타난다.

① 자기중심

2 사람들이 자기를 사랑하며 돈을 사랑하며 자랑하며 교만하며 비방하며 부모를 거역하며 감사하지 아니하며 거룩하지 아니하며 3 무정하며 원통함을 풀지 아니하며 모함하며 절제하지 못하며 사나우며 선한 것을 좋아하지 아니하며 4 배신하며 조급하며 자만하며 쾌락을 사랑하기를 하나님 사랑하는 것보다 더하며 딤후 3:2-4

마지막 때에 벌어지는 성도의 영적 타락상은 '자기중심'이다. 교회생활을 비롯해서 모든 생활이 자기중심으로 바뀐다. 자기를 사랑하고, 자기가 좋아하고 원하는 것을 먼저 한다.

그 안에 하나님의 뜻이 들어가지 않는다. 순종하지 않는다.

코로나바이러스 백신이 나와도 백신을 맞지 않겠다고 하는 사람들이 있다. 왜냐하면 자신에게는 백신을 맞지 않을 자유가 있으니 내 자유를 침해하지 말라는 것이다. 그런데 백신을 맞지 않는 것이 자유인가? 백신을 맞거나 마스크를 쓰는 것은 나 자신을 보호하는 것이기도 하지만 더불어서 살아가는 다른 사람들을 보호하기 위한 것이기도 하다. 그런데도 감염병의 문제에 '자유'라는 개념을 적용한 자기중심적인 사고 때문에 백신을 맞지 않겠다고 하는 것이다. 내가 주인이기 때문에 주변 상황이나 사람들을 생각하지 않아서 그렇다.

말세를 보는 징조 중에 사람의 마음이 얼마나 강퍅해지고 자기중심적으로 되느냐 하는 예가 종교 다원주의이다. 종교 다원주의는 모든 것에 진리가 있고, 모든 종교가 다 진리를 향한다고 말한다. 그러나 진리에는 배타성이 있다. 궁극적으로 종교 다원주의는 절대 진리를 인정하지 않는 것이고, 결국 스스로 다른 종교에 절대 진리가 없다고 말하는 것과 같다.

그러나 기독교는 예수만이 길이요 진리요 생명이라는 절대 진리를 말한다. 마지막 시대는 이 진리를 거부하는 시대이다. 진리를 인정하는 순간 내가 그 진리에 제약을 받기 때문이다. 그러니까 제약을 받고 싶지 않기 때문에 진리를 거부한다는 것이다. 종교 다원주의가 평화를 말하고, 많은 사람을 포용하는 것처럼 보이는가? 실제로는 그렇지 않다. 자기가 하고 싶은 것에 제약을 받고 싶지 않으니 나도 제약하지 않겠다는 것이지, 만약 제약하거나 간섭하면 강하게 반발하고 무서운 방식으로 대항하는 것이 이 말세의 모습이다.

문제는 성도들도 이런 생각과 마인드에 물든다는 것이다. 내가 사역하는 교회에서는 예배 후 청년들이 남아서 청소를 하는데, 그것이 싫어서 교회를 옮긴 청년이 있다는 말을 들었다. 예배 후에 하는 성경공부와 나눔을 싫어하는 성도들도 늘었다. 예배만 드리고 가겠다는 식으로 신앙의 기준을 자기중심으로 세우고 싶어 한다. 하지만 신앙생활은 예배만 드리는 종교생활이 아니다. 마지막 때의 신앙생활은 하나님의 눈과 마음을 배우는 것이다.

자기 사랑, 자랑, 교만, 비방이라는 타락상은 다 속사람의 일을 말하는 것이다. 성도가 영적으로 타락하면 자기 자신을 사랑한다. 마지막일수록 우리는 자신을 드러내고 싶어 하고 자랑하고 싶어 한다. 그렇지 못하면 조급해하고 분노한다. 요즘 '묻지마' 폭행이나 분노조절장애로 인한 범죄 같은 무서운 뉴스를 접하게 되는데, 갈수록 사람들이 강퍅해진다. 그런데 세상이 아니라 교회 안의 성도들이 그렇게 된다는 것이다.

성도들이 그리스도의 넉넉함으로 살아가는 것이 아니라 조급해지고 강퍅해진다.

② 종교적 신앙

마지막 때 성도의 타락상은 알맹이 없는 껍데기 신앙인이 많아진다는 것이다. 겉으로는 예배를 잘 드리고 말씀도 읽고 헌금도 하고 신앙생활을 잘하는 것 같아도 실제 경건의 능력은 없다. 교회가 경건의 모양만 있고 영적인 실력과 능력이 무너지는 시대가 오는 것이다.

> 경건의 모양은 있으나 경건의 능력은 부인하니 이 같은 자들에게서 네가 돌아서라 딤후 3:5

우리는 예수 안에서 자라야 하고, 그렇게 자라고 있는지 수시로 점검해야 한다. 내가 경건의 모양만 있는 자는 아닌지 돌아보아야 한다. 지금 교회가 얼마나 많이 타락했는가? 일례로 예전에는 동성애 문제를 이야기하면 교회 밖에서는 찬성하더라도 교회 안에서는 일제히 반대했다. 그런데 이제는 교회 안에서조차 찬성의 목소리가 나온다.

어느 목사가 퀴어 축제에 참석하여 동성애자를 축복하면서 기독교는 축복하는 종교라고 말했다. 그러나 그것은 기독교가 무엇이고 하나님이 어떤 분이지, 축복이 무엇인지 모르고 하는 말이다. 타락은 교회 안에서 시작된다. 교인들도 성경이 아닌 보편적인 진리에 동조하고 있다. 미국에서 동성애를 인정하고 지지하는 교단이 등장한다. 그러나 기독교는 성경이 하는 말을 진리로 믿는 종교이다.

창세기 9장에서 노아는 포도주를 마시고 취하여 벌거벗은 채 누워 있었다. 그런데 아들 함이 그런 아버지의 하체를 보고 나서 그 일을 두 형제에게 알렸다. 이에 두 형제는 뒷걸음쳐 들어가서 아버지의 벌거벗은 몸을 덮어드렸다. 술에서 깬 노아는 함을 저주했다(창 9:25).

가나안의 아버지 함이 그의 아버지의 하체를 보고 밖으로 나가서 그의 두 형제에게 알리매 창 9:22

그런데 22절에 보면 "가나안의 아버지 함이 그의 아버지가 벌거벗은 것을 보고…"라고 해야 맞는데, 성경에는 '하체'가 강조된다. 22,23절에 "하체를 보고", "하체를 덮었으며", "하체를 보지 아니하였더라"라고 세 번이나 강조한다. '하체'라는 단어는 남자의 '성기'로도 사용되는 단어로, 함이 자기 아버지의 성기를 보았다는 것은 성적인 것과 연결된다.

> 노아가 술이 깨어 그의 작은 아들이 자기에게 행한 일을 알고 창 9:24

일부 주석가들은 "자기에게 행한 일을 알고"라는 이 부분을 가리켜 함이 아버지 노아에게 변태적 행위를 한 것으로 보기도 한다. 쉽게 말해서 성폭행이나 성추행을 했다고 보는 것이다. 물론 일부 극단적인 주석가들의 견해이기는 하다.

놀라운 것은 이 본문이 홍수 이후 노아의 350년의 삶에 대한 유일한 기록이라는 것이다. 노아는 홍수 이전과 이후로 전혀 다른 삶을 살았던 사람이다. 대홍수로 천지가 개벽한 후 지형과 기후가 다 변했고 인류의 수명은 급격하게 줄어들었다. 노아는 그 정도로 극심하게 변화된 환경을 극복해나갔다. 그렇게 350년을 사는 동안 노아와 그의 가족의 드라마가 얼마나 많았겠는가?

그러나 성경은 그것을 기록하지 않았다. 단 하나, 노아가 술에 취한 사건만을 기록한다. 이 기록으로 성경이 말하고 싶은 것이 무엇일까? 구원받은 노아의 가족을 통해 새로운 인류가 시작되었지만, 인류는 여전히 죄를 극복하지 못한 저주받은 인류와 축복받는 인류로 나누어진다는 것이다. 이때 노아가 함의 성적인 범죄를 저주했다는 것이 굉장히 중요하다.

나는 성경을 읽는 목사가 어떻게 동성애를 찬성하는지 이해할 수 없다. 기독교는 성경을 기준으로 삼는다. 하나님은 처음부터 남자와 여자를 창조하셨고, 그들에게 생육하고 번성하라고 축복하셨다. 태초부터 이렇게 시작되었는데 어떻게 동성애가 나올 수 있는가? 그것은 성경이 말하는 것을 이해하지 못하는 것이다. '사람을 축복하시는 하나님'이라는 추상적인 논리만 말할 뿐이지 성경이 말하는 것, 하나님이 말씀하시는 것을 말하지 않는 것이다. 타락이란 성경이 말하는 대로 말하지 않는 것이다.

③ 마음의 부패

마지막 때 성도의 타락은 마음이 부패한 자들이 나타난다는 것이다.

6 그들 중에 남의 집에 가만히 들어가 어리석은 여자를 유인하는 자들이 있으니 그 여자는 죄를 중히 지고 여러 가지 욕심에 끌린 바 되어 7 항상 배우나 끝내 진리의 지식에 이를 수 없느니라 8 얀네와 얌브레가 모세를 대적한 것같이 그들도 진리를 대적하니 이 사람들은 그 마음이 부패한 자요 믿음에 관하여는 버림받은 자들이라 딤후 3:6-8

여기에 등장하는 이들은 모두 믿는 사람들이다. 경건의 모양이 있고 항상 배우지만 궁극적으로는 진리를 대적한다. 곧 마음이 부패하고 믿음에는 실패한 자들이다. 내가 내 것을 결정하는 시대가 왔지만 성경은 그것을 영적 부패라고 말한다. 마지막 때에 하나님의 말씀을 배우고 성경을 읽어도 우리는 자기가 스스로 판단함으로 마음이 부패해진다. 죄는 계속 가중된다. 항상 배우지만 성령의 은혜가 없음으로 마음이 부패한다. 성경은 이런 자들에게서 "네가 돌아서라!"(딤후 3:5)라고 말한다.

믿음은 들음에서 나온다. 하나님의 말씀을 들으면 믿음이 들어오고, 세상의 것을 들으면 세상 것이 들어온다. 성경을 보면 성경이 들어오고, 세상을 보면 세상이 들어온다. 보고 듣는 것이 자신의 마인드가 된다. 영적인 것은 주위의 영향을 받는다. '까따라비아'라는 말을 들어본 적이 있는가? 아마 없을 것이다. 내가 그냥 만든 말이기 때문이다. 여러분은 이 말에 어떠한 영향도 받지 않는다. 경험한 바가 없기 때문이다. 내가 보지 않고 듣지 않고 경험하지 않은 것은 나를 유혹할 수 없다. 모든 유혹과 죄는 내가 경험한 데서부터 일어난다. 사탄은 우리를 유혹하기 전에 먼저 보게 한다. 먼저 듣게 한다. 먼저 경험하게 하고 그다음에 역사한다. 우리는 다 그 영향을 받게 되어 있다.

목사인 나에게 "교회 성도끼리 술 마셔도 되나요? 그러면 죄인가요?"라고 묻는 사람이 있다. 죄는 그렇게 단순하게 말할 수 있는 문제가 아니다. 윤리와 도덕을 넘어서기 때문이다. 그런데 세상 사람하고나 할 수 있는 것을 왜 굳이 성도와 하려고 하는가? 맥주 한 잔 마시는 건 괜찮다고, 왜 교인이 교인을 가르쳐야 하는가?

교회에 다니는 사람은 성경을 나누고 은혜를 나눠야 한다. 함께 시간을 보내며 계속해서 영적인 것을 바라보게 하는 사람, 그가 영적인 사람이다. 교회에서 만났더라도 만날수록 세상을 바라보게 한다면 그는 세상적인 사람이다. '돌아서라'는 것은 그런 사람들과 같이 되지 않도록 주의하라는 것이다. 내 영적인 부분을 위태롭게 하는 상황과 환경과 사람이 있다면 거기서 돌아서야 한다. 사람은 가까이하는 것에 영향을 받기 때문에 주의해야 한다. 마지막 때는 미혹하는 것이 너무 많기 때문에 나의 눈과 귀를 지키지 않으면 끌려가고 만다.

모이기를 폐하는 시대

마지막 때에 교회는 지금 우리가 겪고 있는 것과 같이 모이기를 폐하는 습관이 있다.

> 24 서로 돌아보아 사랑과 선행을 격려하며 25 모이기를 폐하는 어
> 떤 사람들의 습관과 같이 하지 말고 오직 권하여 그날이 가까움
> 을 볼수록 더욱 그리하자 히 10:24,25

점점 더 모이기를 폐하는 날이 오고 있다. 그러나 모이기를 폐하는 어떤 사람들의 습관과 같이 하지 말라고 한다. 습관은 삶이다. 마지막 때일수록 사람들은 점점 더 개인주의가 된다. 자기가 주인이 되어 점점 더 모이기를 폐한다. 환난과 핍박이 오면 더욱더 모이기 힘들 것이다.

코로나 시대에 사람들이 모이기 어려운 상황이 펼쳐졌다. 최근 한 성도는 "처음에는 영상예배가 예배 같지 않고 이상했는데, 시간이 갈수록 익숙해지는 것이 좀 두려워요"라고 말했다. 우리는 우리의 상황이 어떠하든지 그 상황 속에서 하나님 앞에 나아가는 것을 준비해야 한다. 우리는 습관을 스스로 조절할 수 있어야 한다.

마지막 때가 될수록 사람들이 함께 모여서 은혜와 사랑을 나누기가 어려워진다. 그러나 마지막 때는 고통과 어려움의 시대이기 때문에 서로 힘이 되고 함께해야만 버틸 수 있다. 진

정으로 마음을 나눌 수 있는 믿음의 공동체가 있어야만 말세를 살아갈 때 큰 힘이 된다. 혼자서는 이길 수 없다.

교회에 등록하고 예배는 드리지만 소그룹 모임에는 참여하지 않는 이들이 있다. 사람들과 만나는 것이 피곤해서라고 하는데, 그러면 신앙이 자라지 않는다. 성품은 사람들 속에서 자라난다. 기독교는 산에 가서 도를 닦고 득도하는 종교가 아니다. 성도들과 어울리며 인내하고 사랑하고 기뻐하며 배워가는 것이다. 어떻게 주님을 배울 것인가? 혼자 있으면 무너지고 만다. 마지막 때일수록 모일 수 없는 상황이 벌어지지만, 모이려고 노력하며 살아야 한다.

마지막 때를 살아가는 성도에게는 믿음의 친구가 있어야 한다. 내가 지쳐 쓰러질 때는 친구가 권면해주고, 그 친구가 쓰러질 때는 내가 권면하는 것이다(전 4:9-12). 우울증으로 자살하는 사람에 대하여 마음을 나눌 한 사람만 있었어도 그러지 않았을 것이라고 말한다. 부정적인 생각과 우울한 감정이 몰려올 때 주위에 아무도 없다면 극단적인 선택을 하게 된다. 혼자 신앙생활을 하고 주일에 예배만 드리고 간다면 환난이 왔을 때 나 자신이 무너지면 끝이다. 마지막까지 믿음의 길을 같이 갈 수 있는 사람이 있다는 것은 굉장히 중요하다. 공동체가 있고 믿음의 사람이 함께 있으면 견딜 수 있다.

진리에 대한 왜곡

마지막 때에는 진리에 대한 왜곡이 시작된다. 인류의 죄 역시 진리에 대한 왜곡에서 시작되었다(창 3:1-3). 하나님은 하와가 말한 것처럼 선악을 알게 하는 나무의 열매를 먹으면 "너희가 죽을까 하노라"라고 말씀하지 않으셨다. 하나님은 "선악을 알게 하는 나무의 열매는 먹지 말라 네가 먹는 날에는 반드시 죽으리라"(창 2:17)라고 분명히 말씀하셨다. 그런데 말씀이 왜 곡되었고 그에 따라 마인드가 왜곡되었다. 그래서 죄가 들어온다. 이것이 우리가 죄를 지을 때의 양상이다.

어떤 청년은 "성경에 술 마시지 말라는 말은 없지 않나요?"라고 질문을 던진다. 맞다. 성경에 "술 마시지 말라"는 말은 없고 "술 취하지 말라"(엡 5:18)라고 말씀하신다. 그런데 성경에는 "마약하지 말라", "본드하지 말라"는 말씀도 없다. 그러면 그것은 다 해도 된다는 것인가?

성경에 "내가 거룩하니 너희도 거룩하라"고 하신 말씀이 몇 번이나 나오는지 찾아보기 바란다. 우리가 '거룩'을 추구한다면 성경에 "술 마시지 말라"는 말씀이 있느냐고 질문할 것이 아니라 성경에서 이해되지 않는 부분을 질문해야 한다. 성경을 읽을 때 "술 마시지 말라"는 말이 있는지 없는지만 찾아봤다면 안타까운 일이다. 그것은 술 마시고 싶다는 마음으로 성경에서 그 근거를 찾으려고 한 것이기 때문이다.

그러니까 그것은 더 악하다. 하나님의 말씀을 따라갈 생각은 하지 않고, 자신의 상황에 말씀을 맞추려고 하는 것이다. 이것을 '왜곡'이라고 한다. 마지막 때에 자꾸 말씀을 변질시키고 왜곡하는 현상이 벌어진다. 말씀을 순수하게 믿고 따라가려고 하기보다 말씀대로 살아갈 수 없다고, 지금은 성경의 시대와는 다르다고 왜곡하는 것이다. 이 모든 일이 교회 안에서 일어난다.

성경을 아는 복

1 복 있는 사람은 악인들의 꾀를 따르지 아니하며 죄인들의 길에 서지 아니하며 오만한 자들의 자리에 앉지 아니하고 2 오직 여호와의 율법을 즐거워하여 그의 율법을 주야로 묵상하는도다 시 1:1,2

성경을 아는 것이 마지막 때 복이다. 성경을 알면 악인의 꾀를 따르지 않고, 죄인의 길에 서지 않고, 오만한 자들의 자리에 앉지 않을 뿐만 아니라 철을 따라 열매를 맺는다. 악인들은 바람에 나는 겨와 같고 심판을 견디지 못한다. 뿌리가 없고 단단하지 못하기 때문이다. 흔들리는 시대가 온다는 것이다. 벌써 교회 안에서 흔들리기 시작했다. 동성애를 인정하는 교단이 나왔고, 다른 종교를 통해서도 구원받을 수 있다고 말하고, 교회 강단을 스님과 교류하기도 한다.

사실 이것은 말이 안 된다. 기독교 강단은 성경을 설명하는 곳이 아니라 하나님의 말씀을 선포하는 자리이다. 어떻게 스님이 하나님의 말씀을 선포할 수 있는가? 다만 우리가 아는 보편적인 진리를 말하고, 인내하고 베풀라고 말할 수는 있다. 그러나 그런 것은 윤리 도덕에 불과하다. 우리는 설교 강단에서 윤리와 도덕을 듣고 싶은 것이 아니다.

오늘 하나님이 우리에게 말씀하시는 것을 듣고, 그 말씀 아래 뿌리내리고 싶은 것이다. 기독교 안에 부패가 시작되었다. 자기가 원하는 대로 하고, 경건의 모양만 있고, 진리가 왜곡되고 있다. 지금 우리가 살아가는 시대가 그렇게 흘러가고 있다.

chapter 2

세상이 끝날 때의 징조

마지막 때 타락은 교회 안에서 일어난다. 그리고 세상에 보여 주시는 징조가 있다.

예수께서 감람산 위에 앉으셨을 때에 제자들이 조용히 와서 이르 되 우리에게 이르소서 어느 때에 이런 일이 있겠사오며 또 주의 임 하심과 세상 끝에는 무슨 징조가 있사오리이까 마 24:3

예수님은 이 말씀을 하시기에 앞서 예루살렘의 멸망을 예언 하셨다(마 24:1,2). 유대인에게 있어 예루살렘의 멸망은 세상의 끝이다. 세상 끝에 무슨 징조가 있을 것인가?

미혹의 시대

첫 번째 세상의 징조는 미혹의 시대, 영적 기근이 온다는 것이다. 미혹을 신천지 같은 이단이나 적그리스도처럼 종교적인 것으로만 생각해서는 안 된다. 우리가 하나님 앞에서 살아가지 못하도록 만드는 모든 것이 미혹이다. 세상의 철학, 사상, 유행, 문화 등이 넓게 포함된 개념이다. 하나님을 바라보지 못하게 막는 미혹이 세상에 널러 퍼지는 그런 시대가 다가오고 있다.

이것은 눈과 귀의 싸움이다. 미혹은 보고 듣는 것에 마음을 빼앗기는 것이다. 마지막 때 세상이 지금의 문명 정도면 충분하지 않을까? 지금보다 더 발달해서 우리의 눈과 귀를 빼앗는 것이 무섭다. 요즘 아이들은 어디서든 스마트폰을 하고 영상 매체를 접한다. 눈을 다 빼앗겼다. 마지막 때에 우리의 눈과 귀를 지키는 것은 굉장히 중요하다.

전 세계적으로 종교, 사상, 문학, 철학은 이미 기독교가 말하는 가치에서 벗어난 지 오래다. 기독교의 진리를 이야기하면 미련해 보이는 시대가 되었다. 그래서 이런 생각이 자꾸 우리를 미혹한다. "내가 생각하는 것이 정말 옳은가?", "내가 믿는 것을 꼭 드러내야 할까?", "좋은 게 좋은 것이 아닐까?" 이것은 영적인 미혹이다.

말세에는 지금보다 타락의 강도가 더 세질 것이다. 죄악의

끝과 타락의 끝을 알리는 것은 '성적 타락'과 '강포함'이다. 이 두 가지는 항상 같이 간다. 노아의 때와 소돔과 고모라의 타락도 마찬가지이다. 성적 타락과 강포함은 하나님이 측량하시는 저울이다. 소돔과 고모라의 타락상은 결국 동성애까지 갔다. 그다음은 근친상간과 동물과의 수간까지 이어지는 양상이다. 우리나라는 지금 동성애가 화두이지만, 유럽은 이미 그 단계를 넘어섰다. 벨기에 등에서는 동물과의 성행위가 합법이라고 한다.

강포함을 드러내는 힘의 문화가 갑질 문화이다. 자신이 가진 힘을 자랑하고 싶은 것이 갑질이다. 차별을 두는 이 세상의 문화이다. 그런데 이런 불합리함을 우리도 어느새 당연시하고, 가진 것을 누리고, 그것을 내 것인 양 착각하게 하는 미혹을 받고 있다. 그래서 마지막 때에 말씀 앞에서 분별하지 못하면 우리는 한 방에 무너지고 다 빼앗길 수 있다. 앞으로 더욱 극렬해지는 때가 올 것이기에 우리는 우리의 눈과 귀를 지켜야 한다.

언어를 흩으신 이유

지금은 어떤 시대인가? 지금까지 인류 역사를 보면 민족과 나라와 난리 소문과 기근과 재앙이 없었던 적이 없다(마 24:6-8). 항상 기근과 재앙과 전쟁이 있었다. 앞으로 주님이 오실 때까지 그럴 것이다.

그런데 과거에는 자기가 사는 지역의 상황만 알 뿐 지구 반대편에서 무슨 일이 벌어지는지 몰랐다. 조선 시대에 유럽 대륙에서 일어난 전쟁이나 아프리카 지역의 민족 전쟁에 대해서 우리는 알지 못했다. 유럽에서 흑사병으로 수많은 사람이 죽었지만, 아시아에는 영향을 끼치지 않았다. 그런데 이제는 재앙이나 전염병이 일부 지역에 국한되어 일어나는 것이 아니다. 코로나19의 팬데믹(세계적 대유행)과 같이 전 세계가 하나로 묶이게 되었다.

하나로 묶였다는 의미는 창세기 11장에서 찾을 수 있다. 창세기 1장부터 11장을 원시(原始) 역사라고 부른다. 이것은 성경 전체의 서론에 해당한다. 창세기 11장은 바벨탑 사건을 다룬다. 홍수 심판 후 하나님의 은혜로 살아남은 노아의 자녀들로 새로운 민족이 출발한다. 우리는 아담의 후손이지만, 더 가깝게는 노아의 후손이다. 그런데 은혜의 방주로 구원을 경험한 노아의 후손들이 계속 은혜의 삶을 살았을까? 그들은 결국 죄를 극복하지 못하고 바벨탑을 쌓았다.

6 여호와께서 이르시되 이 무리가 한 족속이요 언어도 하나이므로 이같이 시작하였으니 이후로는 그 하고자 하는 일을 막을 수 없으리로다 7 자, 우리가 내려가서 거기서 그들의 언어를 혼잡하게 하여 그들이 서로 알아듣지 못하게 하자 하시고 8 여호와께서 거기서 그들을 온 지면에 흩으셨으므로 그들이 그 도시를 건설하기를 그쳤더라 9 그러므로 그 이름을 바벨이라 하니 이는 여호와께서 거기서 온 땅의 언어를 혼잡하게 하셨음이니라 여호와께서 거기서 그들을 온 지면에 흩으셨더라 창 11:6-9

바벨탑을 쌓은 그들은 한 족속이었고 언어도 하나였다. 말이 하나라는 것은 뜻도 하나라는 것이다. 언어는 마인드를 상징한다. 말이 하나인 세상은 마인드가 하나이다. 그들은 하나 된 마인드로 하나님을 대적했고, 그들의 이름을 내는 일에 하나가 되었다. 하나님께 도전한 이 땅의 역사에 대하여 하나님은 어떻게 처리하셨는가?

하나님은 홍수 심판 이후 다시는 인류를 노아의 홍수처럼 심판하지 않겠다고 약속하셨다. 그런데 모든 인류가 하나님을 대적한 바벨탑 사건이 일어난 것이다. 하나님은 심판하지 않겠다고 약속하셨기 때문에 그들의 죄악 된 마인드를 깨기 위해 언어를 흩어버리셨다. 흩으셨다는 것은 "부수다", "산산이 깨뜨리다"라는 뜻으로, 강제적으로 흩어지게 하는 것이다. 그들이 죄악 된 마인드로 하나가 되는 것을 막을 수 없기에 언어를 뒤섞어 모두 뿔뿔이 흩어지게 만드신 것이다.

다시 하나로 묶이는 시대

그런데 인류가 다시 하나가 되는 시대가 왔다. 지구촌 시대에 언어가 하나로 인류가 하나 되면 인류는 또다시 바벨탑을 쌓을 것이다. 바벨탑을 쌓는 적그리스도가 출현할 것이다. 그러면 하나님께서 또다시 흩으셔야 하는가? 그러나 이제는 심판의 때가 온다.

예전에는 전 세계 정보와 지식, 세상의 소식이 공유되기 어려웠다. 그러나 지금은 전 세계가 인터넷으로 연결되어 태블릿PC나 스마트폰을 통해 유튜브나 SNS로 모든 것을 공유할 수 있게 되었다. 중국 시닝에 라마교 승려들이 사는 마을에도 스마트폰이 보급되었다고 한다. 스마트폰만 떨어뜨리면 아마존 오지에까지 온갖 소식이 전해질 수 있다. 실제 전 세계 곳곳에서 민족이 민족을, 나라가 나라를 대적하는 일들, 난리와 기근과 재앙이 어떤지 보고, 어떤 시대가 올지 분별할 수 있는 그런 시대가 되었다.

이런 상황 가운데 등장한 것이 바로 코로나19이다. 코로나19는 이제 재앙이 하나의 나라와 지역이 아니라, 인류 전체에 임하기 시작했다는 것을 알려주었다. 바벨탑을 세운 세대가 하나로 묶인 것처럼 지금 우리가 가진 문명은 분명히 전 세계를 하나로 묶고 있다. 하나의 바이러스가 인류의 생존을 위협하고 재앙을 일으키는 시대가 되었다.

코로나19를 시작으로 재앙의 양상이 달라졌다. 코로나19는 모든 나라의 고민이자 함께 풀어야 할 과제가 되었다. 이런 재앙이 반복되다보면 전 세계 정부가 함께 이 문제를 고민하게 될 것이고, 전 세계가 같이 움직여서 정부가 모든 것을 통치하는 시스템도 나올 것이다. 더 나아가 전 세계에 심각한 재앙이 생길 때 이를 해결하지 못하는 상황에서 적그리스도가 나타나 이를 해결함으로써 전 세계를 통치할 힘을 가질 수 있는 상황도 생길 수 있게 되었다. 이것이 말세로 가는 재난의 시작이다.

재난의 시작이라

12 불법이 성하므로 많은 사람의 사랑이 식어지리라 13 그러나 끝

까지 견디는 자는 구원을 얻으리라 14 이 천국 복음이 모든 민족에게 증언되기 위하여 온 세상에 전파되리니 그제야 끝이 오리라 마 24:12-14

재난이 시작되었으나 복음이 모든 민족에게 전해져야 끝이 난다. 그런데 지난 2천 년 동안 이루어진 복음의 확장보다 문명의 발전으로 인해 2천 년대 들어서 복음의 확장이 훨씬 더 빠르다. 옛날에는 오지에 들어가기 어려웠지만, 지금은 그곳에 가서 복음을 전할 수 있다. 스마트폰이나 드론을 활용하면 복음을 더 빨리 전할 수 있게 되었다. 이 확장이 급속도로 빨라지고 있다.

그러나 모든 민족에게 복음이 전해지는 것이 전제이다. 모든 곳에서 그리스도를 알아야 주님이 임하실 때 예수님에 대해 고백할 수 있다. 이렇게 될 날이 얼마 남지 않았다. 복음의 확장이 순식간에 이루어질 수 있다는 것을 기억해야 한다.

6 난리와 난리 소문을 듣겠으나 너희는 삼가 두려워하지 말라 이런 일이 있어야 하되 아직 끝은 아니니라 7 민족이 민족을, 나라가 나라를 대적하여 일어나겠고 곳곳에 기근과 지진이 있으리니 8 이 모든 것은 재난의 시작이니라 마 24:6-8

첫째, '난리와 난리'이다. 세계 곳곳은 인종 문제, 종교 문제, 체제 문제, 성(性) 문제 등으로 난리이다. 이 시대는 난리와 난리 소문으로 가득하다. 좌파와 우파로 나뉘어 싸우는 체제 싸움, 질서에 대한 싸움, 가진 자와 없는 자의 싸움이 벌어진다. 이 난리와 난리가 끊임없이 계속될 것이고, 마지막 때는 더욱더 심해질 것이다.

둘째, '민족이 민족을'이다. 민족끼리 자기의 이득을 위해 싸우고 나라가 나라를 대적하여 일어나게 된다. 힘의 논리 싸움이 벌어진다. 미국이 우리의 우방인가? 사이가 좋을 때는 우방이다. 그렇다면 미국, 일본, 중국 어느 나라를 믿을 수 있을까? 그 믿음이 점점 깨질 것이다. 상생과 공생의 관계가 무너지고 힘의 논리가 지배하는 시대가 온다. 지금 우리가 경험하고 있는 일들이다.

셋째, 곳곳에 '기근과 재난'이 있다. 기근은 생존의 문제가 심각해진다는 것을 의미한다. 코로나19도 생존의 문제와 관련이 있다. 코로나19의 실제적 문제가 무너진 경제에 있기 때문이다. 마지막 때에는 이 생존의 문제, 굶주림, 기근 등의 문제들이 심화될 것이다. 재난은 환경을 파괴하는 데서 온다. 태풍과 홍수와 지진이 일어난다. 어느 정도의 재난이 아니라 생존의 문제, 존재 기반을 흔들리게 한다.

청년의 때 요한계시록을 읽으며 이해하지 못한 부분이 이제야 이해가 된다. 계시록이 묵시적이기 때문에 어렵기도 했지만, 재앙 중에 땅의 삼분의 일이 타버리고, 바다의 삼분의 일이 죽는 일들이 어떻게 일어날 수 있는지 상상하기가 어려웠다. 그런데 지금은 현실이 되었다. 바다의 삼분의 일이 오염되는 일이 벌어지고, 호주에서 일어난 산불이 전 세계에 영향을 끼쳤다. 또 지구의 허파로 불리는 아마존의 우림이 무분별한 개발로 빠르게 줄어들고 있다고 한다. 이것은 남미 국가의 문제만이 아니라 전 세계의 문제이다.

예전부터 자연 재앙은 있었지만, 인간의 환경 파괴로 말미암아 더욱 심각해졌다. 환경 파괴로 인한 자연적 이상 현상으로 우리의 생존이 위협받고 존재의 기반이 흔들린다는 것은 엄청난 재앙이다. 원래 하나님은 인간이 하나님께 순종하고, 자연이 인간에게 복종하는 질서로 세상을 창조하셨다. 그러나 인간이 죄를 지음으로써 하나님을 대적하자 자연도 질서를 역행하여 사람을 공격하게 되었다. 땅이 사람 대신 저주를 받고 땅이 사람에게 쓴 뿌리를 내며 공격하기 시작했다.

마지막 때에 자연이 사람을 공격하는 데에는 여러 가지 의미가 담겨 있다. 환경 파괴는 인간이 이 세상을 제대로 다스리지 못했다는 증거이다. 하나님이 주신 자연을 인간이 잘 다스리지 못하자 역으로 자연이 인간을 공격하고 있다. 그 공격이 강해진다는 것은 인간의 죄가 그만큼 심각하다는 것이다. 마지막 때일수록 땅이 흔들리고, 자연이 흔들리고, 세상이 흔들릴 것이다. 더 무서운 것은 이것이 재난의 시작이라는 것이다.

재난이 주는 새 생명

재난의 의미 중에 또 다른 의미가 '산고'(産苦)이다. 산고란 산모가 아이를 낳으면서 겪는 고통을 말한다. 마지막 시대에 신자가 겪는 이 환난은 재앙으로만 끝나지 않고, 영적 생명을 탄생시켜 하나님 앞에 새롭게 서는 계기가 될 수 있다. 믿는 자들에게는 재난이 재앙이 아니라 하나님의 사람으로 더 가치있게 만들어지는 축복의 시간이다. 다른 말로 하면 '순금같이 되는 고통'이다. 순금이 만들어지는 과정은 불 가운데 물 가운데서 이루어지기 때문에 고통이 따른다. 분명 고통스럽지만 망하는 고통이 아니기 때문에 두려워하지 않을 수 있다. 우리가 하나님 앞에서 더 거룩해지고 아름답게 다듬어지는 고통이다.

마지막 시대에 재난의 시작은 세상에 대한 심판이지만, 믿는 자들에게는 주님의 나라에 들어가는 과정이다. 그러므로 두려워하지 말아야 한다. 성경은 우리에게 반복해서 "두려워하지 말라"라고 강조한다. 우리가 준비되어 있으면 겉사람은 낡아지나 속사람은 날로 새로워질 것이다(고후 4:16). 마지막을 살아가는 이들은 고통의 환경에 처하지만, 주님의 살아 계심과 보호하심의 역사를 경험하게 되며, 산고의 고통 속에서 생명을 맛볼 수 있다. 왜냐하면 "내가 세상 끝날까지 너희와 항상 함께 있으리라"(마 28:20)는 주님의 말씀은 영원하기 때문이다.

그럼에도 세상의 환난과 흉흉함이 두렵기는 하다. 그러나 우리가 두려운 마음에만 빠져 있으면 피할 방법을 이야기할 수 없다. 적그리스도가 누구인지 지목하는 것은 시대마다 바뀌었다. 누가 적그리스도로 오든 환난의 때에 하나님 앞에 피할 방법을 준비해야 한다. 재난은 우리에게 새 생명을 줄 수 있다. 그래서 준비하는 것이다. 하지만 세상을 너무 많이 보면 종말이 오기 전에 두려워 떨다가 죽게 된다. 바다 위로 걸어오시는 예수님을 생각하라. 물 위로 걸어서 예수님께 가던 베드로가 바람을 보고 그만 물에 빠져들었다. 마지막 때는 새 생명이 나와야 한다. 생명은 주님에게 있다. 그러므로 주님께 단단히 붙어 있어야 한다.

배교와 큰 환난

3 누가 어떻게 하여도 너희가 미혹되지 말라 먼저 배교하는 일이
있고 저 불법의 사람 곧 멸망의 아들이 나타나기 전에는 그날이
이르지 아니하리니 4 그는 대적하는 자라 신이라고 불리는 모든
것과 숭배함을 받는 것에 대항하여 그 위에 자기를 높이고 하나님
의 성전에 앉아 자기를 하나님이라고 내세우느니라 살후 2:3,4

교회 안에 '배교'(背教)의 무리가 나타난다고 한다. 배교는
우리가 믿는 기독교를 배반한 것이다. 그렇다면 적그리스도
는 어디에서 나오겠는가? 배교의 무리에서 나온다. 이들은 하
나님을 믿다가 먼저 배신한 자들이다. 교회가 타락하고 배교
자가 나타난다. 바로 적그리스도의 등장이다.

21 이는 그때에 큰 환난이 있겠음이라 창세로부터 지금까지 이런
환난이 없었고 후에도 없으리라 22 그날들을 감하지 아니하면 모
든 육체가 구원을 얻지 못할 것이나 그러나 택하신 자들을 위하여
그날들을 감하시리라 마 24:21,22

성경은 적그리스도가 나타나 한 이레의 언약을 정한다고

말한다. 한 이레는 7년이다. 한 이레의 반을 지날 때까지는 평화의 왕으로 포장한다. 그 후 적그리스도임을 드러내고 그 마지막은 환난이다. 하나님께서 그 환난의 날들을 줄여주지 않으셨다면 택하신 자들마저 구원을 얻지 못할 만큼의 큰 환난이 닥칠 것이라고 말씀하신다.

그에 비하면 코로나19는 재앙도 아니다. 집에 있는 것이 갑갑하다고 하지만 감옥은 아니지 않은가? 해외에 나가기가 어려울 뿐이지 웬만한 것은 다 할 수 있다. 지금을 못 버티는데 마지막 때를 어떻게 버틸 수 있겠는가? 로마의 박해를 피해 지낸 지하 카타콤이나 갑바도기아를 생각해보라. 죽기까지 신앙을 지켰던 믿음의 선진들을 생각해보라. 우리는 아무것도 아니다. 마지막 때 환난은 우리의 생각을 넘어선다.

우리는 말세를 멈출 수 없다. 말세를 멈출 방법은 우리가 죄 가운데 끌려가지 않는 것뿐이다. 곧 하나님의 통치를 받는 것이다. 그렇게 하면 순식간에 평화가 찾아온다. 세상에 평화가 오는 방법은 아주 간단하다. 모든 사람이 각자 하나님 앞에서 변화되면 끝난다. 그런데 변하지 않아서 문제이다. 왜인가? 인간은 갈수록 자신을 사랑하고 교만하며 악해지기 때문이다.

그렇기 때문에 성경은 환난을 피할 수 없고, 세상은 말세를 향해 간다고 말한다. 이것이 성경의 전제이다. 그 후에 예수님이 오신다. 적그리스도가 누구인지는 중요하지 않다. 적그리스도가 누구인지 알아도 적그리스도가 오는 것을 막을 수는 없다. 지금 우리가 연구해야 할 것은 그런 것이 아니다.

이 땅의 기근과 재앙을 막을 수 있는가? 민족과 민족, 난리와 난리, 전쟁을 막을 수 있는가? 못 막는다. 그렇다고 해서 아무렇게나 살아서도 안 된다. 성경의 전제를 알고, 우리가 집중해야 할 것이 무엇인지 알아야 한다. 하나님께서 우리에게 주시는 메시지를 이해해야 한다.

댐이 무너지는 것을 막을 수는 없다

난리와 난리 소문을 듣겠으나 너희는 삼가 두려워하지 말라 이런 일이 있어야 하되 아직 끝은 아니니라 마 24:6

10 또 이르시되 민족이 민족을, 나라가 나라를 대적하여 일어나겠고 11 곳곳에 큰 지진과 기근과 전염병이 있겠고 또 무서운 일과 하늘로부터 큰 징조들이 있으리라 12 이 모든 일 전에 내 이름으로 말미암아 너희에게 손을 대어 박해하며 회당과 옥에 넘겨주며

임금들과 집권자들 앞에 끌어가려니와 13 이 일이 도리어 너희에게 증거가 되리라 14 그러므로 너희는 변명할 것을 미리 궁리하지 않도록 명심하라 15 내가 너희의 모든 대적이 능히 대항하거나 변박할 수 없는 구변과 지혜를 너희에게 주리라 16 심지어 부모와 형제와 친척과 벗이 너희를 넘겨주어 너희 중의 몇을 죽이게 하겠고 17 또 너희가 내 이름으로 말미암아 모든 사람에게 미움을 받을 것이나 18 너희 머리털 하나도 상하지 아니하리라 19 너희의 인내로 너희 영혼을 얻으리라 눅 21:10-19

예수님은 우리에게 두려워하지 말라고 하신다. 예수님이 우리를 환난에서 보호하실 테니 두려워하지 말라고 하시는 것이다. 환난과 말세의 재앙은 우리의 지혜와 지식으로 이겨낼 수 없다. 하나님이 해주셔야 가능하다. 마지막 때에 하나님의 말씀이 생각나려면 먼저 내 머릿속에 말씀이 있어야 한다. 믿음은 들음에서 나온다. 하나님의 말씀이 있어야 그 말씀이 살아 움직인다.

지금 이 시대에 우리가 해야 할 일은 유튜브에 빠지는 것이 아니라 말씀 앞에 서는 것이다. 적그리스도, 세계정부, 일루미나티, 프리메이슨을 연구할 것이 아니라 성경을 연구해야 한다. 하나님의 말씀이 우리를 온전케 한다. 성경이 아닌 다른 것에 빠지는 것이 미혹이다. 성경은 상황에 마음을 빼앗기지 말고, 그 상황에 마음을 두지 말라고 당부한다. 그렇다면 우리는 성경만 읽고 그냥 살면 되는가?

말세에 고난이 올 때 하나님의 은혜도 같이 온다. 하나님께서 그 택하신 자를 보호하신다고 하셨다. 댐이 무너지는 것을 막을 수는 없다. 그러나 피할 수는 있다. 그러니 준비해야 한다. 재앙과 환난, 마지막 때는 반드시 온다. 그리고 적그리스도 역시 분명히 온다. 적그리스도는 정치, 종교, 경제를 장악할 것이다. 이것들은 막을 수 있는 것이 아니다.

그 시기를 통과할 때 우리가 어떻게 준비해야 하나님의 은혜로 살아갈 수 있을까? 다만 그때 주님이 오실 것을 알고 준비해야 한다. 준비하는 자는 피할 수 있다. 이것이 신앙의 준비이다. 댐이 무너진다면 우리는 어디로 피해야 할까? 노아의 때로 말한다면 어떻게 방주를 만들겠는가?

마지막 때를 통과하는 하나님의 방법

13 하나님이 노아에게 이르시되 모든 혈육 있는 자의 포악함이 땅에 가득하므로 그 끝날이 내 앞에 이르렀으니 내가 그들을 땅과

함께 멸하리라 14 너는 고페르 나무로 너를 위하여 방주를 만들되 그 안에 칸들을 막고 역청을 그 안팎에 칠하라 창 6:13,14

하나님은 노아에게 방주를 만들 때 역청을 그 안팎에 칠하라고 하셨다. 역청은 천연 아스팔트이다. 고페르 나무로 배를 만들고 천연 아스팔트로 안팎을 발라 방수 처리를 하도록 한 것이다. 세상이 심판을 받아 천지가 개벽하면 온 세상이 물로 가득할 것이다. 그런데 이런 상황을 나무로 만든 배가 견딜 수 있겠는가? 그런데도 노아의 방주가 대홍수를 견뎌낼 수 있었던 것은 역청을 그 안팎에 칠했기 때문이다.

'역청'은 원어로 "속전", "속죄"를 뜻하고, '칠하다'에서 유래했다. '안팎에 칠하라'는 것은 "속죄하다", "사하다"로 번역된다. 그래서 '역청을 칠하라'는 것은 "속전으로 속죄하라", "속죄할 것으로 속죄하라", "칠할 것으로 칠하라"라는 의미이다. 하나님께서 나무로 방주를 만들어 내가 명령한 '칠할 것으로 칠하라'고 말씀하신 것이다. 이것은 '속죄할 것으로 속죄하라'는 것과 같다.

하나님이 유월절에 이스라엘을 구원하실 때 어린 양의 피를 문설주와 인방에 바르라고 하셨다. 그들은 그 말씀대로 사방에 양의 피를 발랐다. 칠할 것으로 칠했더니 죽음의 사자가 넘어갔다. 하지만 다른 동물의 피로 칠하면 죽는다. 칠할 것으로 칠해야 한다. 우리가 어떻게 죽음을 이길 수 있는가? 우리의 죄가 어떻게 해결되는가? 칠할 것으로 칠하면 된다.

우리는 예수 그리스도의 피로 씻김을 받았다. 마지막 때에 이 길을 통과할 때 하나님의 방법으로, 칠할 것으로 칠해야 재앙 속에 은혜가 있다. 마지막 환난 때에도 하나님은 일하신다. 하나님께서 우리에게 요구하시는 것은 세상의 징조를 보면서 때가 가까움을 알고, 사람의 강포함과 세상의 하나됨을 보고, 칠할 것으로 칠하는 준비된 신앙을 갖는 것이다.

생명의 말씀으로 준비되어 있지 않으면 마지막 때를 이겨낼 힘이 없다. 우리는 그리스도인으로서 하나님의 말씀에 집중하고 일상생활에서 하나님이 준비하라고 하신 것을 준비해야 한다.

chapter 3

영적으로 깨어 분별하는 법

이제 우리는 영적으로 무엇을 준비해야 할까? 어떻게 하면 말세에 영적으로 깨어 준비할 수 있을까? 말세를 이길 구체적 방법을 성경에서 찾아보자.

마지막 때 성도의 싸움

불의를 기뻐하지 아니하며 진리와 함께 기뻐하고 고전 13:6

진리와 함께 기뻐하는 것은 우리의 삶을 헤아리는 척도가 된다.

¹ 예수 그리스도의 계시라 이는 하나님이 그에게 주사 반드시 속히 일어날 일들을 그 종들에게 보이시려고 그의 천사를 그 종 요한에게 보내어 알게 하신 것이라 ² 요한은 하나님의 말씀과 예수 그리스도의 증거 곧 자기가 본 것을 다 증언하였느니라 ³ 이 예언의 말씀을 읽는 자와 듣는 자와 그 가운데에 기록한 것을 지키는 자는 복이 있나니 때가 가까움이라 계 1:1-3

요한계시록은 마지막 때를 위해 주님이 주신 계시의 말씀이다. 이 책은 이 예언의 말씀을 읽는 자와 듣는 자와 기록한 것을 지키는 자가 복이 있고 때가 가까이 왔다는 말로 시작한다. 우리에게 이 말씀이 전제되지 않는다면 어떤 환난에 대해서 듣고 징조를 발견하더라도 견디지 못하기 때문이다.

¹⁸ 내가 이 두루마리의 예언의 말씀을 듣는 모든 사람에게 증언하노니 만일 누구든지 이것들 외에 더하면 하나님이 이 두루마리에 기록된 재앙들을 그에게 더하실 것이요 ¹⁹ 만일 누구든지 이 두루마리의 예언의 말씀에서 제하여버리면 하나님이 이 두루마리에 기록된 생명나무와 및 거룩한 성에 참여함을 제하여버리시리라 계 22:18,19

이것은 요한계시록의 마지막 경고이다. 이 예언의 말씀에 무엇을 더하면 재앙을 더할 것이고, 빼면 생명책에서 제하신다는 무서운 말씀이다. 이 말씀에 기록된 내용이 얼마나 중요한지 기억하라는 것이다. 마지막 때는 말씀이 힘을 잃고, 온갖 미혹이 난무하고, 하나님의 말씀이 진리라고 믿지 않는 시대이다. 그래서 말씀을 더하거나 빼면 위험하니 말씀을 건드리지 말라고 하는 것이다.

마지막 때를 살아가는 성도들이 해야 할 싸움이 바로 이 싸움이다. 마지막 때는 눈으로 무엇을 보고, 귀로 무엇을 듣고, 삶이 어디로 향하느냐의 싸움이 본격화된다. 말씀을 더하지도 빼지도 말고, 말씀을 읽고 듣고 그대로 지키는 삶을 살아야 한다. 이것이 흔들리면 다 흔들리게 된다. 이것이 진리와 함께 기뻐한다는 뜻이다.

시험에 대비할 수 있는 시간

코로나19로 다들 삶이 힘들다고 한다. 그런데 꼭 그렇지만은 않다. 지금은 스스로 근신할 수 있는 기간이다. 딴짓할 수 없게 다 막혔다. 코로나19 확산기에는 노래방이나 PC방에도 갈 수 없다. 지금이 말씀을 가까이하기 좋은 환경이다. 지금처럼 기도할 수 있고 또 예배드릴 수 있는 시간이 또 언제이겠는가?

시험을 일주일 앞두고 담당 교수님이 휴강을 했는데 강의를 해달라고 조르겠는가? 시험에 대비할 시간이 생겼으니 오히려 좋을 것이다.

코로나19를 통해 우리는 준비할 시간을 갖게 되었다. 그동안 못 읽은 성경을 읽고, 더 기도하고, 하나님 앞에 제대로 살지 못한 부분을 준비해서 다시 잘 살아갈 기회를 주신 것 같다. 여기서부터 시작해야 한다. 영적으로 깨어 있는 분별력은 눈과 귀에서 시작한다. 어떤 삶이 미혹되겠는가? 말씀이 아닌 다른 것에 눈과 귀가 향해 있을 때 우리는 미혹에 빠진다. 신자는 성경이 말하는 징조 외에 다른 것을 너무 많이 알아서도 안 된다. 그렇게 아는 것이 도리어 사탄이 미혹하는 도구가 될 수 있기 때문이다.

하나님은 "두려워하지 말라"라고 말씀하신다. 마지막 때 회당이나 통치자와 권력자 앞에 끌려가더라도 하나님이 할 말을 가르쳐주신다고 하셨다. 어떤 사람이 이런 준비가 되어 있겠는가? 이 말씀을 읽고 듣고 지킨 사람만이 마지막 때 하나님의 말씀으로 분별하게 된다.

왜 성경을 공부해야 하는가? 그것은 지식의 문제가 아니다. 말씀에 눈을 두라는 의미이다. 이것이 영적 전투에서 가장 중요한 싸움이다. 사탄은 계속 우리의 관심을 다른 곳으로 돌리려고 한다. 우리가 말씀을 읽고 듣는 것이 우리의 마인드와 기준이 된다. 내가 하나님의 말씀을 읽고 듣는 것은 성경공부가 아니다. 내가 살아가는 기준이 말씀이며 말씀에서만 진리가 나올 수 있다는 고백이다.

말씀은 지식이 아니라 능력이다

내가 힘든 청년의 때를 어떻게 이겨냈는지 돌아보니 사실 아주 간단했다. 나는 20대 초반, 환난이 닥쳐왔을 때 어떻게 해야 할지 모르는 상황에서 성경을 미친 듯이 보았다. 온종일 5,60장 넘게 본 적도 많다. 그렇게 하루이틀이나 며칠만 본 것이 아니라 계속해서 말씀을 보았다. 그러면서 성경의 능력을 경험했다.

하루에 담배 두 갑을 피우던 시절이었다. 얼마나 많이 피웠는지 냄새만으로 담배의 종류를 알아맞힐 수 있었다. 굳은 결심을 하고 담배를 끊었다가 1년 반 만에 다시 피우고 말았다. 환난이 다가오면 우리는 다시 옛 습관으로 돌아가기가 쉽다. 이것을 조심해야 한다. 우리는 그냥 사는 것이 아니다. 어떤 일이 닥쳤을 때 그에 반응하여 살아가는 것이다. 따라서 살아보지 않았다면 다시 그 길로 가지 않는다. 그렇게 살아보지 않았는데 그렇게 생각할 수는 없다. 내가 살아온 삶으로 나를 지켜가는 것이다.

나는 환난이 오자 습관을 좇아 다시 담배를 피웠다. 하루에 두 갑을 피우면서도 아예 끊을 생각조차 하지 않았다. 예수님을 믿을 때였고 교회 갈 때는 피우지 않았지만, 내가 담배를 끊을 수 없을 거라고 생각했다. 그러던 어느 날 하나님이 내게 물으셨다.

"남국아, 나 믿니?"

"그럼요, 믿죠!"

"그럼 내가 준 이 말씀을 한 번이라도 제대로 봤니?"

나는 순간 당황했다. 성경을 많이 읽기는 했지만, 그냥 넘어간 부분도 있어서 다 읽었다고 말하기에는 하나님 앞에서 부끄러웠다. 그래서 하나님 앞에 정직하게 고백하기 위해, 처음부터 끝까지 일독하고 끝낸다는 심정으로 성경을 다시 읽기 시작했다. 레위기는 정말 읽기 힘들었다. 레위기를 읽기 전에 담배를 피우고, 읽고 나서 피우고, 이해가 안 되는 부분이 나오면 또 피우면서 힘겹게 레위기를 읽었다.

그런데 어느 날 시편 말씀을 읽으며 "주의 말씀의 맛이 내게 어찌 그리 단지요"(시 119:103)라고 고백하며, 어느 순간 담배를 피우지 않고 있는 내 모습을 발견했다. 나는 그 길로 담배를 끊었고 말씀으로 더 깊이 들어가게 되었다. 그럴수록 예전에 끊지 못한 것들이 끊어지기 시작했고, 예전에는 할 수 없던 것을 하기 시작했다. 내 능력이 아니라 내 안에 들어온 말씀의 능력 때문이었다. 나는 은혜 안에서 강해졌고, 내 안에 여러 가지 변화가 시작되었다.

하나님의 말씀은 지식이 아니라 능력이다. 그래서 나는 힘들고 어려울 때 성경을 본다. 성경을 보는 것은 하나님 앞에 서는 것이다. 힘들면 누군가를 찾아가 상담을 하듯이 나도 하나님을 찾아간다. 그러나 너무 힘들 때는 아무리 하나님을 불러도 하나님이 느껴지지 않는다. 하나님과 교제하기도 어렵다. 그럴 때 나는 내가 은혜받은 말씀, 읽기 쉬운 말씀, 청년 때 은혜받고 줄 쳤던 말씀을 계속해서 본다. 그 말씀이 다 은혜였고 읽다보면 어느 순간 내 안에 회복이 일어나는 것을 경험한다. 분별력이 생기고 은혜가 생긴다.

배우고 확신한 일에 거하라

영적으로 깨어 분별하는 방법은 우리의 눈과 귀와 삶을 말씀에 두는 것이다. 아침에 큐티하고 성경을 공부하고 말씀을 읽는 것은 단순히 지식을 쌓는 문제가 아니라 마지막을 준비하는 삶의 자세이다.

10 나의 교훈과 행실과 의향과 믿음과 오래 참음과 사랑과 인내와 11 박해를 받음과 고난과 또한 안디옥과 이고니온과 루스드라에서 당한 일과 어떠한 박해를 받은 것을 네가 과연 보고 알았거니와 주께서 이 모든 것 가운데서 나를 건지셨느니라 12 무릇 그리스도 예수 안에서 경건하게 살고자 하는 자는 박해를 받으리라 13 악한 사람들과 속이는 자들은 더욱 악하여져서 속이기도 하고 속기도 하나니 14 그러나 너는 배우고 확신한 일에 거하라 너는 네가 누구에게서 배운 것을 알며 딤후 3:10-14

사도 바울은 마지막 때 경건하게 살고자 하는 자는 고통을 받는다고 말한다. 악하고 속이는 시대에 거룩하게 살고자 하는 것은 힘든 일이다. 그래서 배우고 확신한 일에 거해야 한다.

15 또 어려서부터 성경을 알았나니 성경은 능히 너로 하여금 그리스도 예수 안에 있는 믿음으로 말미암아 구원에 이르는 지혜가 있게 하느니라 16 모든 성경은 하나님의 감동으로 된 것으로 교훈과 책망과 바르게 함과 의로 교육하기에 유익하니 17 이는 하나님의 사람으로 온전하게 하며 모든 선한 일을 행할 능력을 갖추게 하려

말세는 악하고 속이는 시대이다. 많은 사람이 부패해지고 자기를 사랑하며 경건의 모양은 있으나 경건의 능력을 부인하며 믿음을 버린다. 이렇게 교회가 타락과 부패로 갈 때 우리에게 이런 질문이 생긴다. '어떻게 구원을 받지? 어떻게 마음을 지키지? 어떻게 이 환난을 지혜롭게 피할 수 있지?'

그런데 이 디모데후서 말씀에 모든 답이 나와 있다. 말세에 고통받는 사람들에게, 악하고 속이는 시대에 거룩하게 살려는 사람들에게 주시는 말씀이다. 구원에 이르는 지혜는 말씀에 있다. 우리의 교훈이 되고, 책망하여 바르게 살게 하고, 의로 교육하기에 유익한 것이 말씀이다. 하나님의 사람을 온전하게 하고, 모든 선한 일을 행할 능력을 갖추게 해주는 것이 말씀이다.

마지막 때를 살아가는 우리의 준비는 배우고 확신한 일에 거하는 것이다. 14절에 '거하라'는 것은 "머무르라"라는 뜻의 현재 명령형이다. 이 말씀을 읽을 때마다 계속 명령한다는 뜻이다. 환경이나 사람들의 말은 다 불확실하다. 한 가지 분명한 것은 하나님은 살아 계시고 우리를 인도해가신다는 것이다. 하나님은 마지막 때까지 우리에게 모든 선한 일을 할 능력인 말씀을 주신다.

우리가 어떻게 살아야 하느냐에 대한 해답이 이 말씀에 있다. 성경에 눈을 두고 확신한 일에 거하는 것이다. 그러면 주님이 나를 하나님의 사람에 적합하게 만드실 것이고, 말세에 모든 선한 일을 행하기에 부족함이 없게 하실 것이다. 하나님께서 우리를 온전하게 할 능력인 말씀을 주신다. 그래서 눈과 귀와 삶을 하나님에게 드리라는 것이다.

오직 말씀에 순종한 노아의 의

5 옛 세상을 용서하지 아니하시고 오직 의를 전파하는 노아와 그 일곱 식구를 보존하시고 경건하지 아니한 자들의 세상에 홍수를 내리셨으며 6 소돔과 고모라 성을 멸망하기로 정하여 재가 되게 하사 후세에 경건하지 아니할 자들에게 본을 삼으셨으며 7 무법한 자들의 음란한 행실로 말미암아 고통당하는 의로운 롯을 건지셨으니 8 (이는 이 의인이 그들 중에 거하여 날마다 저 불법한 행실을 보고 들음으로 그 의로운 심령이 상함이라) 벧후 2:5-8

베드로후서 2장은 두 인물을 비교한다. 홍수 심판에서 구원받은 노아와 소돔과 고모라 심판에서 구원받은 롯이다. '오직 의를 전파하는 노아'(5절)는 방주를 만들어 구원의 은혜 안에 들어갔다. 그는 오직 의를 전파하는 자였다. 그런데 롯에 대해서는 '무법한 자들의 음란한 행실로 말미암아 고통당하는 의로운 롯'(7절)이라고 한다. 의롭지만 고통당하는 롯이다. 왜 고통을 당하는가? 소돔과 고모라의 불법함을 날마다 보고 들었기 때문에 롯의 마음이 상하고 고통당하는 것이다. 하나님을 경험한 롯은 세상의 음란함을 보고 괴로워한다. 저러면 안 되는 것을 알지만 힘을 잃어버린 그리스도인이다. 예수를 믿어 구원은 받았으나 이 땅에서 세상의 악함을 보고 들음으로 고통을 당한다.

그렇다면 마지막 환난의 때에 노아는 어떤 삶을 살았을까?

9 이것이 노아의 족보니라 노아는 의인이요 당대에 완전한 자라 그는 하나님과 동행하였으며 10 세 아들을 낳았으니 셈과 함과 야벳이라 11 그때에 온 땅이 하나님 앞에 부패하여 포악함이 땅에 가득한지라 12 하나님이 보신즉 땅이 부패하였으니 이는 땅에서 모든 혈육 있는 자의 행위가 부패함이었더라 13 하나님이 노아에게 이르시되 모든 혈육 있는 자의 포악함이 땅에 가득하므로 그 끝날이 내 앞에 이르렀으니 내가 그들을 땅과 함께 멸하리라 창 6:9-13

11절의 '포악함'은 "포학하다", "잡아 찢다", "넘어뜨리다"라는 뜻이다. 당시 사람들은 서로 잡아 죽일 만큼 끔찍하고 포악했다. 그런 시대였기에 하나님께서 홍수로 심판하신 것이다. 그런 시대를 살아간 노아를 향해 '의인이요 완전한 자'라고 한 것은 그가 정말 완전하다는 뜻이 아니라 상대적으로 완전하다는 말이다. 노아는 잔인하고 포악한 시대에 하나님과 동행했기 때문에 당대에 완전한 자가 되었다. 하나님께서 그런 노아에게 방주를 만들라고 하셨고, 노아는 하나님의 말씀대로 다 준행했다(창 6:22).

'오직 의를 전파하는 노아'가 전한 '의'(義)는 무엇일까? 노아가 사람들에게 "여러분, 멸망이 옵니다! 예수 믿으세요!"라고 복음은 전한 것이 아니다. 노아가 하나님의 말씀을 말씀 그대로 준행한 것이 의를 전한 것이다. 하나님이 방주를 만들라고 하시면 방주를 만들었다. 그는 하나님이 말씀하시는 것을 보고 듣고 다 준행하여 구원을 받았다. 이렇게 '의로움을 전파한 노아'와 '고통당하는 의로운 롯'을 비교한 것이다.

노아가 살던 시대에는 비가 온 적이 없었다. 궁창 위의 물로 인한 온실효과로 지구는 마치 두꺼운 수증기층으로 둘러싸인 것 같은 쾌적한 상태였다. 그런 시대에 비도 오지 않는데 어마어마한 크기의 배를 만들라니 사실 말이 안 되는 일이었다. 그런데도 노아가 하나님의 말씀에 순종하여 배를 만들었던 것, 그것이 노아가 구원받는 길이었다.

노아는 백여 년 동안 아파트 5층 높이에 폭이 20여 미터가 넘는 거대한 방주를 만들었다. 그리고 그 안에 동물들이 먹을 식량과 자신이 먹을 양식을 저축했다. 방주에 모든 짐승을 종류별로 어떻게 넣을지 고민하지 않아도 하나님께서 그 짐승들이 다 노아에게 나아와 방주로 들어가게 하셨다. 하나님께서 이렇게 일하실 줄 노아가 알았을까?

노아는 그저 하나님이 하라고 하시는 일을 했다. "구원은 하나님께 있다. 하나님에게 방법이 있다! 너는 그저 하나님이 하라는 것을 해라!" 이 말씀을 읽는 자와 듣는 자와 지키는 자는 복이 있다. 이것이 노아가 홍수 심판에서 구원받은 방법이다. 마지막 때 우리의 마지막도 이와 같다.

성도들의 옳은 행실

6 또 내가 들으니 허다한 무리의 음성과도 같고 많은 물소리와도 같고 큰 우렛소리와도 같은 소리로 이르되 할렐루야 주 우리 하나님 곧 전능하신 이가 통치하시도다 7 우리가 즐거워하고 크게

기뻐하며 그에게 영광을 돌리세 어린양의 혼인 기약이 이르렀고 그의 아내가 자신을 준비하였으므로 8 그에게 빛나고 깨끗한 세마포 옷을 입도록 허락하셨으니 이 세마포 옷은 성도들의 옳은 행실이로다 하더라 9 천사가 내게 말하기를 기록하라 어린양의 혼인 잔치에 청함을 받은 자들은 복이 있도다 하고 또 내게 말하되 이것은 하나님의 참되신 말씀이라 하기로 계 19:6-9

주님 앞에 설 때 우리는 아름답고 빛나는 거룩한 세마포 옷을 입는다. 그런데 그 세마포 옷은 우리가 준비해야 한다. 그 옷은 '성도들의 옳은 행실'로 만들어진다. 우리는 주님이 오실 때까지 준비하며 살아야 한다. 결혼 날짜를 잡은 신랑 신부가 결혼을 중심으로 준비하며 살듯이 준비해야 한다. 우리가 준비할 것은 성도의 옳은 행실이다. 결혼식을 하는데 신부가 예복을 미처 다 준비하지 못하고 옷깃만, 소매만 준비되었다면 어떻게 예식을 제대로 진행할 수 있겠는가?

말씀을 말씀 그대로 준행하는 것은 윤리 도덕이 아니라 주님 앞에 거룩한 예복을 입고 준비하는 신부 단장이라고 성경은 말한다. 따라서 노아처럼 말씀을 준행하는 것이 너무나 중요하다. 성도들의 옳은 행실은 이 말씀을 읽고 듣고 지키는 삶이다. 그것으로 우리의 아름다운 세마포 옷을 짓는 것이다.

10 또 내게 말하되 이 두루마리의 예언의 말씀을 인봉하지 말라 때가 가까우니라 11 불의를 행하는 자는 그대로 불의를 행하고 더러운 자는 그대로 더럽고 의로운 자는 그대로 의를 행하고 거룩한 자는 그대로 거룩하게 하라 12 보라 내가 속히 오리니 내가 줄 상이 내게 있어 각 사람에게 그가 행한 대로 갚아주리라 계 22:10-12

이것은 내가 무슨 일을 할 때마다 항상 기억하고 두려워하는 말씀이다. 하나님은 행한 대로 갚아주신다. 성도들의 옳은 행실은 세마포 옷이다. 불의한 자는 그대로 불의하고, 더러운 자는 그대로 더럽다. 이 '그대로'라는 말이 무섭게 느껴진다. 의로운 자는 그대로 의를 행하고, 거룩한 자는 그대로 거룩하다. 삶은 하루아침에 바뀌지 않는다. 그래서 결단할 수 있을 때 결단해야 한다.

"보라 지금은 은혜받을 만한 때요 보라 지금은 구원의 날이로다"(고후 6:2). 이 말씀은 지금 예수님 앞에서 구원받는다는 말도 되지만, 아직 은혜를 주실 때, 하나님 앞에서 돌아설 때가 바로 지금이라고 말하는 것이다. 지금 우리의 삶을 바꾸지 않으면 마지막 때가 가까울 때 바꿀 수 없다. 불의한 자는 계속 불의하다. 더러움을 행해도 더러움인지 모르고 살아가게 되는 것, 그 자체가 벌이다.

성경은 동성애가 가증하다고 말한다. 하지만 그들도 구원받아야 하고, 그들에게도 복음을 전해야 한다. 그러나 그들의 행위가 죄냐 아니냐는 다른 문제이다. 세상의 문화가 동성애를 옹호하고 받아들인다고 해도 하나님을 믿는 그리스도인들이 그 흐름을 좇아서는 안 된다. 그러나 시대가 악을 향해 가기 때문에 그 흐름을 바꾸지는 못할 것이다.

성경은 행한 대로 갚아주신다고 분명히 밝힌다. 중요한 것은 말씀에 눈과 귀와 삶을 둔 자가 마지막 때 하나님께 눈과 귀와 삶을 둔 만큼 피할 길과 은혜를 주신다는 것이다. 살면서 재앙이 오지 않을 것 같고, 또 나 혼자 바보 같은 신앙생활을 하는 것 같을 때 그때도 말씀을 지키는 싸움을 하면 된다. 노아가 혼자서 방주를 만들 때 그 시대 사람들의 눈에 그것이 얼마나 바보처럼 보였을까? 그러나 노아는 사람들의 눈을 의식하기보다 하나님이 주신 말씀을 그대로 지키는 싸움을 했다.

말씀 위에 지은 집은 무너지지 않는다

마태복음의 산상수훈(5-7장)은 하나님나라의 가장 핵심적인 복음이다. 산상수훈은 팔복 말씀으로 시작해서 반석 이야기로 끝난다.

24 그러므로 누구든지 나의 이 말을 듣고 행하는 자는 그 집을 반석 위에 지은 지혜로운 사람 같으리니 25 비가 내리고 창수가 나고 바람이 불어 그 집에 부딪치되 무너지지 아니하나니 이는 주추를 반석 위에 놓은 까닭이요 26 나의 이 말을 듣고 행하지 아니하는 자는 그 집을 모래 위에 지은 어리석은 사람 같으리니 27 비가 내리고 창수가 나고 바람이 불어 그 집에 부딪치매 무너져 그 무너짐이 심하니라 마 7:24-27

마지막 때를 살아가는 데 매우 중요한 말씀이다. 집을 지을 때 그 집을 반석 위에 지었는지 아닌지가 중요하다. 하나님의 말씀이 반석이다. 하나님의 말씀을 듣고 행하는 자는 반석 위에 집을 지은 자이다. 반대의 경우는 모래 위에 집을 지은 자이다. 반석 위에 지은 집이든 모래 위에 지은 집이든 비가 내리고 창수가 나고 바람이 부는 마지막 때의 환난을 똑같이 겪는다. 반석 위에 지은 집이라고 해서 창수를 피하는 것은 아니다.

코로나19도 믿는 자든, 믿지 않는 자든 똑같이 겪는다. 위에서 비가 내리고 아래서 홍수가 일어나고 옆에서 바람이 불어오고 사면에서 정신없이 환난이 올 때에도 하나님의 말씀을 듣고 지키는 자는 무너지지 않을 것이다. 반대로 말씀을 듣고 지키지 않는 자, 말씀을 따라가지 않는 자는 결국 뿌리가 약해서 무너지고 말 것이다. 성경은 계속해서 같은 이야기를 하고 있다. 환난을 피할 방법은 하나님의 말씀에 눈과 귀와 삶을 두는 것이라고 말이다. 그런 사람은 하나님이 환난의 때를 면하게 하실 것이다. 그러나 말씀에 눈과 귀와 삶을 두지 않는 자는 뿌리가 약해서 흔들린다.

모든 구원받은 자의 특징이 있다. 엄청난 환난이 닥쳐오겠지만, 말씀 위에 지은 집은 무너지지 않는다는 것이다. 그러나 말씀 위에 짓지 않는 집은 무너진다. 환난이 너무 세서 무너지는 것이 아니라 말씀 위에 있지 않아서 무너진다. 말씀대로 하지 않기 때문에 무너지는 것이다. 마지막 때 환난이 두렵다고 하지만, 그 환난을 바라보면 안 된다. 내가 지금 어디에 집을 짓고 있는지를 보아야 한다.

창세기 6장에서 하나님은 노아에게 방주 만드는 법을 설명해주셨다. 아주 자세하게 크기와 넓이와 구조까지 다 알려주셨다. 그리고 노아는 하나님이 말씀하신 그대로 다 준행했다. 노아는 말씀을 따라 살아간 것뿐이다. 그런데 그것이 반석이고 구원이었다. 마지막 심판, 마지막 환난에서 그를 구원하신 이유였다. 이 법칙이 우리에게 그대로 적용되는 것이다. 말씀대로 준행하는 사람이란 말씀을 배우고 외우며 종교적인 경건의 모양만 있는 사람이 아니라 말씀대로 살아가는 사람이다.

시험의 때를 면하는 교회

두렵지만 환난이 올 때 환난을 피할 수 있는 교회가 있다. 바로 요한계시록에 나오는 빌라델비아교회이다. 우리는 요한계시록에 나오는 소아시아의 일곱 교회를 통해 마지막 때를 살아가는 교회의 영적인 모습을 보게 된다. 그 교회들은 칭찬도 받고 책망도 받는다. 잘못을 고치지 않으면 무너질 것이라고 경고해주신다. 그중에 유일하게 책망받지 않은 교회가 빌라델비아교회이다.

> 7 빌라델비아교회의 사자에게 편지하라 거룩하고 진실하사 다윗의 열쇠를 가지신 이 곧 열면 닫을 사람이 없고 닫으면 열 사람이 없는 그가 이르시되 8 볼지어다 내가 네 앞에 열린 문을 두었으되 능히 닫을 사람이 없으리라 내가 네 행위를 아노니 네가 작은 능력을 가지고서도 내 말을 지키며 내 이름을 배반하지 아니하였도다 계 3:7,8

빌라델비아교회는 작은 능력을 가지고도 하나님의 말씀을 지키고 그 이름을 배반하지 않았다. 우리 생각에는 큰 능력이 있어야 하나님께서 역사하실 것 같다. 그러나 실제로 하나님의 일을 하는 자들은 자기에게 있는 작은 능력으로 말씀을 지키고 하나님의 이름을 배반하지 않는다.

> 9 보라 사탄의 회당 곧 자칭 유대인이라 하나 그렇지 아니하고 거짓말하는 자들 중에서 몇을 네게 주어 그들로 와서 네 발 앞에 절하게 하고 내가 너를 사랑하는 줄을 알게 하리라 10 네가 나의 인내의 말씀을 지켰은즉 내가 또한 너를 지켜 시험의 때를 면하게 하리니 이는 장차 온 세상에 임하여 땅에 거하는 자들을 시험할 때라 11 내가 속히 오리니 네가 가진 것을 굳게 잡아 아무도 네 면류관을 빼앗지 못하게 하라 계 3:9-11

빌라델비아교회가 작은 능력으로 인내의 말씀을 지키고 배반하지 않았을 때 하나님께서 그를 지키시고 시험의 때를 면하게 해주셨다. 그러면 하나님이 지켜주신 시험이 어떤 시험인가? "장차 온 세상에 임하여 땅에 거하는 자들을 시험할 때"(10절), 바로 마지막 심판의 시험이다. 마지막 심판의 때 하나님이 노아를 구원해주신 것처럼 하나님은 어떤 대단한 일을 한 사람을 보호하시는 것이 아니다. 자신에게 있는 작은 능력으로 하나님의 말씀을 지키며 배반하지 않고 살아가는 자이다.

요즘 코로나19로 많은 이들이 신앙생활을 하기 힘들다고 말한다. 이것 역시 하나님의 말씀을 지키는 싸움이다. 교회에 가지 못하는 상황에서 아침에 일어나서 말씀을 보고, 설교를 찾아서 듣고, 그 말씀을 인내로 지키려고 노력하는 자들이 말씀을 읽고, 듣고, 행하는 자이다. 하루하루 하나님을 배신하지 않고 살아가려고 노력하는 자이다.

하나님께서 이들에게 장차 다가올 심판, 시험의 때를 면하게 하시겠다고 말씀하신다. 그들은 이미 반석 위에 집을 지었다는 것을 증명했기 때문이다. 그러나 자신이 반석 위에 집을 지었는지 아닌지 정확하지 않은 사람들은 증명해야 한다. 자신의 신앙생활을 하나님 앞에 증명하는 것이다. 매일매일 증명함으로써 하나님 앞에서 통과해야 한다. 우리가 말씀을 지키고 살아가는 것으로 앞으로 닥쳐오는 재앙을 없애거나 적그리스도가 오는 것을 막을 수는 없다. 재앙과 적그리스도에 대해 안다고 해도 소용이 없다. 중요한 것은 아는 것이 아니라 피하는 것이다.

하나님은 빌리델비아교회의 행위를 아신다. 큰 능력이 아닌 작은 능력을 가지고도 하나님의 말씀을 지키는 인내의 싸움을 한 것을 아신다. 마지막 때에 말씀을 지키는 것이 인내이고, 말씀대로 사는 것이 인내이다. 우리가 인내해야만 하나님의 사람과 하나님의 말씀을 따라갈 수 있다. 마지막 때의 환난은 이전에도 없고 이후에도 없는 환난이다. 그런데 그 환난을 은혜로 피하고 하나님이 보호해주시는 하나님의 성도가 있다. 바로 작은 능력으로 하나님의 인내의 말씀을 지키는 자들이다. 이런 사람들에게는 순금같이 되어 나오는 연단이 필요하지 않다. 이미 만들어졌기 때문에 다시 연단할 필요가 없다.

반면에 우리가 순금같이 만들어져야 한다면, 연단의 시간이 주어질 것이다. 그렇다면 하나님 앞에서 천천히 삶으로 빚어지겠는가? 아니면 마음대로 살다가 마지막 때에 단번에 만들어지겠는가? 두 가지 방법 중에 하나를 택해야 한다. 순금으로 만들어지지 않는 방법은 우리의 선택지에 없다. 우리는 모두 자신의 신앙을 증명해야 하고, 증명된 사실로 만들어질 것이다.

천국은 일하고 있다

chapter 4

천국의 비밀을 깨닫고 준비하라

마지막 환난을 피할 방법인 인내의 말씀을 지키는 법에 대해서 예수님의 비유를 통해 알아갈 것이다. 예수님은 이 땅에 오셔서 천국을 향해 살아가셨다. 우리는 천국이 어떤 곳이고, 천국에 가기 위해 어떤 준비를 해야 하며, 어떻게 기도해야 하는지 알아야 한다. 예수님의 비유를 살펴보려는 것은 우리가 어떤 마지막을 준비해야 하는지 주님이 비유로 말씀해주셨기 때문이다.

예수님은 세례 요한이 죽은 뒤 오병이어의 기적과 베드로의 신앙고백을 기점으로 자신을 본격적으로 드러내셨다. 마태복음 13장은 그 전에 말씀하신 천국 비유이다. 예수님의 공생애 사역 중후반부에 예수님이 성전 안 솔로몬 행각에서 유대인에게 말씀을 전한 뒤 쫓겨나시고, 세례 요한이 세례를 주던 요단 동편으로 가신 것이 요한복음 10장의 기록이다.

그리고 예수님은 마지막 6개월 동안 예루살렘을 향해 가신다. 누가는 예수님이 예루살렘으로 오신다는 것을 일곱 번이나 강조한다. 예루살렘으로 오시면서 마지막으로 나눈 여러 가지 비유들이 누가복음 14장부터 18장에 걸쳐서 나온다.

따라서 먼저 마태복음 13장과 누가복음에 기록된 예수님의 비유를 살펴본 다음 마태복음 24,25장의 비유로 마무리하려고 한다. 마태복음 24, 25장의 비유는 예수님이 십자가 수난을 앞두고 마지막 화요일에 하신 유언과 같은 비유들로, 우리가 말세에 무엇을 준비해야 하는지를 알 수 있다.

하나님의 진리와 지혜가 담긴 비유

이 비유의 말씀들을 살펴보기 전에 먼저 '비유'가 무엇인지 이해해야 한다. 하나님은 1,600년 동안 40여 명의 성경 기자를 통해 우리의 시공간으로 들어오셔서 이스라엘의 역사를 통해 하나님의 계시의 말씀을 기록하셨다. 그 계시를 문자에 담으셨다.

9 믿음의 결국 곧 영혼의 구원을 받음이라 10 이 구원에 대하여는 너희에게 임할 은혜를 예언하던 선지자들이 연구하고 부지런히 살펴서 11 자기 속에 계신 그리스도의 영이 그 받으실 고난과 후에 받으실 영광을 미리 증언하여 누구를 또는 어떠한 때를 지시하시는지 상고하니라 벧전 1:9-11

나는 특별히 이 말씀을 읽고 성경 공부에 매진해야겠다고 다짐했다. 선지자는 직통 계시를 받는 자이다. 그런데 성경은 놀랍게도 하나님의 계시를 직접 받는 선지자들도 연구하고 부지런히 살핀다고 말한다. 선지자들에게는 구약의 모세오경이 있었다. 선지자들은 그들에게 주신 하나님의 말씀을 연구하고 부지런히 살펴서 누구를, 또 어떠한 때를 지시하시는지 상고했다. '상고'(詳考)란 꼼꼼하게 따져서 검토하고 참고한다는 것이다.

직통 계시가 중요한 것이 아니다. 하나님은 모든 사람에게 객관적으로 진리라고 할 말씀을 '문자'에 담아주셨다. 그것이 성경이다. 우리는 그 성경을 연구하고 부지런히 살펴야 한다. 그 문자를 통해 하나님의 말씀이 확장된다. 하나님의 역사가 문자에 제한을 받고 또 문자를 통해 다시 확장되어 나오는 것이다.

그러다보니 문제가 발생한다. 하나님의 역사를 담기에 문자의 한계로 설명이 어려워진다. 가끔 외국인과 대화할 때 우리나라 말이기는 해도 설명하기 어려운 단어가 있지 않은가? 어떻게 설명해야 할지 난감한 것들이 있다. 그것은 서로의 언어와 문자가 갖는 한계 때문이다. 이렇듯 하나님나라의 일을 문자에 담기 위해, 말하고자 하는 내용을 더 분명하고 쉽게 설명하기 위해 비유를 사용한다. 비유와 상징은 문자를 좀 더 폭넓게 적용하기 위한 것이다. 하나님나라의 크기와 세상 환난의 크기를 말로 설명하기에 우리가 가진 이해와 설명이 너무 부족하다. 그래서 예수님은 우리가 한 번도 보지 못한 일들을 우리의 눈높이에서 설명해주시기 위해 많은 비유로 말씀해주셨다.

예수님은 비유에 하나님의 지혜를 담아 설명하셨다. 비유는 지혜라는 뜻이다. 솔로몬의 잠언은 정확히 말하면 '솔로몬의 비유'이다. 잠언은 비유와 같은 말이다. 솔로몬은 비유로 하나님의 진리와 지혜를 드러냈다. 솔로몬의 잠언을 통해 우리가 지혜를 얻듯이 예수님이 알려주신 천국 비유를 통해서 우리가 하나님의 지혜를 얻을 수 있다. 예수님의 비유는 대부분 천국과 연결되어 있다. 따라서 이 비유를 통해서 우리가 이 땅을 살아가는 동안 천국 백성으로 지혜롭게 사는 법을 배울 수 있을 것이다.

비유를 살필 때 주의점

그런데 비유를 공부할 때는 조심해야 한다. 첫째, 우리는 비유를 대할 때 그 비유를 통해 하고자 하는 말이 무엇인지에 집중해야 한다. 말하고자 하는 내용의 중심을 봐야지, 하나하나 알레고리로 연결하기 시작하면 비유가 전하고자 하는 내용을 제대로 보기 어렵다.

사무엘하 12장에서 나단 선지자는 다윗이 밧세바를 범한 사실을 경고하기 위한 비유를 하고 있다. 양과 소 떼가 많은 부자가 가난한 자가 가족처럼 여기는 암양 새끼를 빼앗았다는 이야기이다. 그런데 이 비유를 알레고리적으로 암양 새끼는 밧세바, 수많은 양과 소는 부인들, 다윗은 부자, 우리아는 가난한 자라는 식으로 대입하면 문제가 생긴다. 자칫 잘못 해석하면 본문이 말하고자 하는 내용과 다른 내용으로 이해하게 된다. 우리는 성경의 중심 내용에 집중해야 한다. 나단의 비유는 다윗이 자기 부하의 아내를 빼앗았다는 것을 극단적으로 설명하고 있다. 전체 내용이 무엇인지를 보아야 한다.

둘째, 비유를 살필 때는 반드시 성경의 앞뒤 문맥을 살펴보아야 한다. 비유를 사용할 때는 그 비유가 나올 만한 정황이 있다. 다윗이 밧세바를 범하고 우리아를 죽여도 죄라고 느끼지 못했다는 정황이 있기 때문에 나단의 비유가 성립된다. 앞서 이 사건이 없는데 별안간 나단이 다윗에게 와서 "당신이 그 사람이다!"라고 한다면 다윗이 얼마나 황당할까? 어떤 비유든지 그 비유를 하는 정황이 있다. 우리는 그 상황 속에서 성경을 보아야 한다.

우리가 앞으로 살펴볼 예수님의 비유는 이 땅을 살아가는 하나님의 백성들이 마지막 때에 천국을 소망하며 살고자 하는 상황 아래 주신 이야기이다. 마지막 때에 천국을 어떻게 준비하고, 이 땅에서 어떻게 살아가야 하는지 알려주시기 위해 비유로 말씀하신 것이다. 달란트 비유는 단순히 '충성된 종'이라는 메시지를 전달하기 위해 주신 비유가 아니다. '마지막 때'라는 키워드와 연결해서 같이 볼 때 그 내용을 명확하게 이해할 수 있다.

세상 속 천국과 천국 백성의 삶

마태복음 13장에는 네 가지 땅에 떨어진 씨 비유, 가라지 비유, 겨자씨 비유, 누룩 비유, 밭에 묻힌 보화 비유, 좋은 진주를 구하는 장사 비유, 그물 비유에 이르기까지 천국에 대한 일곱 가지 비유가 나온다. '7'은 성경의 완전수이다. 히브리인들에게 '3'은 하늘의 숫자, '4'는 땅의 숫자이다. 하늘과 땅의 수를 더한 것이 완전수 7이고, 하늘과 땅의 수를 곱한 것이 충만의 수 12이다. 열두 지파, 열두 사도를 떠올릴 수 있다. 천국 비유를 7가지로 구성한 것은 완전수로, 씨 뿌리는 비유부터 마지막 그물 비유까지 천국의 시작과 끝을 점진적으로 설명하기 위한 것이다.

그런데 마태복음 13장의 천국 비유를 읽다보면 이상하다고 느낄지도 모른다. '천국 비유'라고 하는데 실제 천국에 대해서 설명하지 않기 때문이다. 천국은 이와 같다고 하지만, 정작 천국에 대한 내용은 없다. 천국에 대해 말하기보다 천국에 가기까지 이 땅에서 어떻게 살아야 하는지를 설명한다. 일곱 가지 비유 모두 천국을 향하는 성도의 삶에 초점이 맞춰져 있다.

천국에 대해서는 신학적으로 이렇게 정의한다. "이미 얻었으나 아직 완성되지 않았다. 우리는 그 사이를 살아간다." 예수님이 오심으로 이 땅에 천국이 시작되었고 말세도 시작되었지만, 아직 완성된 천국은 오지 않았다. '이미'와 '아직' 사이에 우리의 삶이 있다. 따라서 우리는 이 땅을 살아가면서 앞으로 맞이할 천국을 향해 살아가야 한다. 그것을 설명하는 것이 천국 비유이다.

그래서 이 땅에 천국이 시작되었다고 시작하는 것이다. 예수님이 오셔서 이 땅에 천국의 씨를 뿌리셨다. 씨가 땅에 뿌려졌는데, 어떤 밭에서는 열매를 맺고, 어떤 밭에서는 열매를 맺지 못했다. 이렇게 시작된 이야기가 그물 비유까지 이어진다. 이 천국 비유는 천국을 향해 살아가는 이 땅의 백성들이 어떤 삶을 준비해야 하며, 어떤 문제가 있는지 비유로 설명한다. 그래서 천국 자체보다 이 땅에 천국이 어떻게 확장되고, 그 속에서 제자들은 무엇을 배우고, 어떻게 살아야 하는지 깨닫도록 일곱 가지 비유로 말씀하신 것이다. 마태복음 13장의 주제는 '세상 속 천국과 천국 백성의 삶'이다.

예수님이 비유로 말씀하시는 이유

예수님은 천국이나 그 천국을 향해 살아가는 백성에 대해 왜 명확하게 가르치시지 않고 비유로 말씀하시는지 알려주신다. 네 가지 땅에 떨어진 씨 비유와 그 비유를 설명하시며 하신 말씀이다.

10 제자들이 예수께 나아와 이르되 어찌하여 그들에게 비유로 말씀하시나이까 11 대답하여 이르시되 천국의 비밀을 아는 것이 너희에게는 허락되었으나 그들에게는 아니되었나니 12 무릇 있는 자는 받아 넉넉하게 되되 없는 자는 그 있는 것도 빼앗기리라 13 그

러므로 내가 그들에게 비유로 말하는 것은 그들이 보아도 보지 못하며 들어도 듣지 못하며 깨닫지 못함이니라 14 이사야의 예언이 그들에게 이루어졌으니 일렀으되 너희가 듣기는 들어도 깨닫지 못할 것이요 보기는 보아도 알지 못하리라 15 이 백성들의 마음이 완악하여져서 그 귀는 듣기에 둔하고 눈은 감았으니 이는 눈으로 보고 귀로 듣고 마음으로 깨달아 돌이켜 내게 고침을 받을까 두려워함이라 하였느니라 마 13:10-15

아무나 깨닫지 못하도록

첫 번째 이유는 아무나 깨닫지 못하게 하기 위해서다. 이사야의 예언에(사 6:9,10) 어떤 사람들은 들어도 깨닫지 못할 것이요 보아도 알지 못할 것이라고 말씀하신다. 그들의 마음이 완악하고 귀가 막히고 눈은 감았기 때문이다. 예수님이 이 땅에서 하나님의 말씀을 가르치시면서 분노한 사람들이 있다. 그러나 예수님은 간음한 여인에게, 세리에게는 분노하지 않으셨다. 예수님은 우리가 생각하기에 악인이며 죄인이라는 사람들을 불쌍히 여기고 긍휼히 여기시며 기회를 주셨지 분노하지 않으셨다.

그래서 요한복음 8장을 읽으면 마음이 뭉클해진다. 간음하다가 현장에서 잡혀온 여자를 돌로 치려는 사람들에게 예수님은 죄 없는 자가 먼저 돌로 치라고 말씀하셨다. 사람들이 다 떠나가자 예수님은 여자에게 "나도 너를 정죄하지 않는다. 가서 다시는 죄를 범하지 말라"고 말씀하신다. 죄에서 돌이켜 새로운 삶을 살기를 바라시지 죽이고 싶은 마음이 없으신 것이다.

그러면 예수님이 언제 분노하시는가? 바리새인들에게 분노하셨다. 말씀을 안다고 하는 자들이 예수님 앞에 당당히 서서 하나님께서 예수님을 통해 주시려고 하는 복을 막고, 하나님의 아들을 대적했기 때문이다. 예수님은 그들의 교만함과 완악함 때문에 비유로 말씀하신다. "너희가 그렇게 잘났어? 똑똑해? 그렇다면 알아서 해결해봐! 너희 능력으로 이것이 무슨 뜻인지 알아봐!"라고 비유로 말씀하신 것이다. 그들이 생각하는 것만큼 똑똑하다면 스스로 깨달으라고 비유로 말씀하신 것이다.

그들이 지금까지 말씀을 안 것은 하나님의 은혜였다. 하나님께서 이스라엘 백성을 사랑하셔서 말씀을 주셨고, 은혜를 주셔서 그 말씀을 알 수 있게 해주신 것이다. 그런데 어느덧 하나님이 주신 것을 자신의 실력으로 착각하고 잘난 체한다. 그래서 그들의 실력이 어느 정도인지 알도록 교만한 그들을 꾸짖으시는 것이다.

우리도 마찬가지이다. 우리는 하나님이 주신 것을 내 실력과 내 것인 양 착각할 때가 많다. 자신의 것으로 알고 교만하게 행동한다. 세상의 안목과 경험으로는 우리가 결코 천국을 이해할 수 없다. 세상의 지식과 교만으로는 하나님의 말씀을 알 수 없다. 하나님의 말씀은 억지로 풀면 망한다. 인간의 지혜로는 풀 수 없다. 그래서 비유로 말씀하셨다.

지금도 마찬가지이다. "그렇게 똑똑하고 자신 있으면 마지막 때 환난을 네가 한번 피해봐! 네가 하나님을 대적하고 하나님 앞에 교만할 수 있어. 해도 돼! 그러나 그에 대한 책임도 네가 져야 해! 그렇게 하나님 없이도 잘났고 똑똑하면 이후에 오는 환난과 어려움도 이겨봐!"라고 하시는 것이다. 이렇듯 교만한 자들에게는 말씀이 열리지 않는다.

겸손한 자들을 깨닫게 하시려고

예수님이 비유로 말씀하시는 두 번째 이유는 주님 앞에 듣고자 겸손히 선 자들을 깨닫게 해주시기 위해서다. 마태복음 13장에 가라지 비유, 겨자씨와 누룩 비유가 나오고 그 비유를 설명하시는 부분이 나온다. 그리고 그 사이에 비유로 말씀하신 이유를 가르쳐주신다. 앞에서는 이사야의 예언을 들어 깨닫지 못하게 하신다고 말씀하셨는데, 여기서는 시편의 예언

(시 78:2)을 통해 비유를 깨닫게 해주겠다고 말씀하신다.

> 34 예수께서 이 모든 것을 무리에게 비유로 말씀하시고 비유가 아
> 니면 아무것도 말씀하지 아니하셨으니 35 이는 선지자를 통하여
> 말씀하신 바 내가 입을 열어 비유로 말하고 창세부터 감추인 것들
> 을 드러내리라 함을 이루려 하심이라 마 13:34,35

예수님은 감춰진 것, 수수께끼처럼 알 수 없는 것을 가르쳐
주겠다고 하신다. 창세부터 지금까지 감추어진 것을 겸손한
너희에게는 알려주겠다고 말씀하신다. 예수님이 비유로 말씀
하신 이유에는 양면성이 있다. 세상의 교만한 자들, 세상적으
로 바라보는 자들에게는 깨닫지 못하게 하기 위해서이고, 하
나님 앞에 나와 겸손히 묻는 자들에게는 그 비밀을 깨닫고 준
비하도록 말씀해주신다는 것이다. 그래서 비유는 믿는 우리에
게 열려 있으나 세상 사람에게는 그저 하나의 이야기일 뿐이다.

chapter 5

천국은 시작되었다

마태복음 13장의 비유

마태복음 13장의 흐름을 살펴보면, 네 가지 땅에 떨어진 씨 비유(1-9절)와 가라지 비유(24-30절)가 나오고, 그 비유에 대한 설명 사이에 겨자씨 비유(31,32절)와 누룩 비유(33절)가 나온다. 그리고 밭에 감추인 보화 비유(44절), 좋은 진주를 구하는 장사 비유(45,46절), 그물 비유(47-50절)가 이어서 나온다.

네 가지 땅에 떨어진 씨 비유 (마 13:1-9)

마태복음 13장에 나오는 천국에 대한 7가지 비유 중에 첫 번째 비유는 네 가지 땅에 떨어진 씨 비유이다.

3 예수께서 비유로 여러 가지를 그들에게 말씀하여 이르시되 씨를 뿌리는 자가 뿌리러 나가서 4 뿌릴새 더러는 길가에 떨어지매 새들이 와서 먹어버렸고 5 더러는 흙이 얕은 돌밭에 떨어지매 흙이 깊지 아니하므로 곧 싹이 나오나 6 해가 돋은 후에 타서 뿌리가 없으므로 말랐고 7 더러는 가시떨기 위에 떨어지매 가시가 자라서 기운을 막았고 8 더러는 좋은 땅에 떨어지매 어떤 것은 백 배, 어떤 것은 육십 배, 어떤 것은 삼십 배의 결실을 하였느니라 9 귀 있는 자는 들으라 하시니라 마 13:3-9

이 비유는 '세상에 나타난 천국'을 말한다. 이 세상에 하나님의 말씀의 씨가 뿌려질 때 밭을 가려서 좋은 땅에만 뿌려지는 것은 아니다. 누구나 공평하게 들을 수 있도록 모든 이에게 뿌려진다. 길가든, 돌밭이든, 가시떨기든 가리지 않고 누구에게나 천국 복음이 들려진다.

마태복음 2장에서 동방박사를 인도하던 별이 사라졌을 때 박사들이 어디로 갔는가? 그들은 유대인의 왕이 나신 것을 알고 예루살렘에 찾아왔다. 그런데 그들이 왕의 탄생을 알리자 헤롯왕과 온 예루살렘 사람들이 이를 듣고 소동했다. 그러니까 나신 왕에게 경배를 하든 말든 그것은 내 선택의 문제일 뿐이고, 그 사실을 몰라 경배하지 못했다는 말은 할 수가 없다.

하나님나라에 갔을 때 그 누구도 "나는 몰랐다"라고 말할 수 없도록 복음은 모두에게 전해진다.

나는 어떤 밭인가?

이처럼 천국의 씨는 모든 세상에 뿌려졌다. 길가에 떨어진 씨는 즉시 사라졌고, 돌밭에 떨어진 씨는 뿌리를 내리다가 말랐고, 가시떨기에 떨어진 씨는 가시가 자라서 기운을 막았다. 좋은 땅에 떨어진 씨는 100배, 60배, 30배의 결실을 하였다. 이 비유의 핵심은 뿌려진 씨에는 문제가 없고 밭에 문제가 있다는 것이다. 어떤 밭이냐에 따라 열매를 맺기도 하고, 좋은 땅이냐에 따라 열매 맺는 양도 달라진다. 하나님의 사람으로 자라고 안 자라고는 내가 어떤 밭이냐에 달린 것이다.

예수님이 오셔서 이 세상 속에 천국이 시작되었고 이제 말세를 향해 간다. 천국은 뿌려졌다. 그러나 열매 맺지 못하는 것은 예수님의 역사가 부족해서가 아니라 밭의 문제, 우리에게 문제가 있기 때문이다. 우리의 밭이 길가면 그냥 사라질 것이고, 돌밭이면 잠깐 있다가 사라질 것이고, 가시떨기면 좀 버티다 사라질 것이다. 그런데 내가 좋은 밭이라면 하나님의 말씀이 내 안에 들어와 100배, 60배, 30배의 열매를 맺는다.

내 밭이 길가 밭이라면, 돌밭이라면, 가시떨기 밭이라면 좋은 땅이 되도록 갈아엎어야 한다. 하나님의 말씀이 뿌려졌는데, 누군가에게 그 말씀은 준비의 말씀이 될 수 있고, 또 누군가에게는 그냥 지나가는 말씀이 될 수도 있다. 나는 예전에 목사로서 열심히 가르치는데도 열매를 맺지 못하는 것을 보고 자책감을 느꼈다. 그런데 성경을 보고 나서 그 마음이 사라졌다. '예수님도 그러셨구나.' 예수님도 당하신 일인데 사람인 목사는 과연 어떨까?

우리의 문제가 여기에 있다. 하나님의 말씀이 우리 안에 어떻게 심기느냐, 우리가 하나님의 말씀에 삶으로 어떻게 반응하느냐에 따라 앞으로 우리가 맞이할 환난과 재난이 달라질 것이다. 이것이 우리가 환난을 피할 수 있는 유일한 방법이다.

그러면 어떤 사람이 열매를 맺는가? 좋은 땅과 같이 하나님의 말씀을 그대로 읽는 자, 듣는 자, 행하는 자이다. 미련해 보이지만 노아처럼 말씀대로 살아가는 자이다. 좋은 땅은 분명히 열매를 맺는다. 그러나 길가나 돌밭이나 가시떨기 밭이나 세상 염려와 자기 것을 가지고 살아가는 자는 천국의 결실을 맺지 못한다.

가라지 비유 (마 13:24-30)

마태복음 13장의 두 번째 천국 비유는 가라지 비유이다.

> 24 예수께서 그들 앞에 또 비유를 들어 이르시되 천국은 좋은 씨를
> 제 밭에 뿌린 사람과 같으니 25 사람들이 잘 때에 그 원수가 와서
> 곡식 가운데 가라지를 덧뿌리고 갔더니 26 싹이 나고 결실할 때에
> 가라지도 보이거늘 27 집주인의 종들이 와서 말하되 주여 밭에 좋
> 은 씨를 뿌리지 아니하였나이까 그런데 가라지가 어디서 생겼나이
> 까 28 주인이 이르되 원수가 이렇게 하였구나 종들이 말하되 그러
> 면 우리가 가서 이것을 뽑기를 원하시나이까 29 주인이 이르되 가
> 만 두라 가라지를 뽑다가 곡식까지 뽑을까 염려하노라 30 둘 다
> 추수 때까지 함께 자라게 두라 추수 때에 내가 추수꾼들에게 말
> 하기를 가라지는 먼저 거두어 불사르게 단으로 묶고 곡식은 모아
> 내 곳간에 넣으라 하리라 마 13:24-30

첫 번째 씨 뿌리는 비유는 밭의 상태에 따라 그 열매가 결정
되었다. 가라지 비유는 알곡과 가라지의 이야기이다. 알곡은
열매 맺는 성도를 말한다. 좋은 땅에서 열매 맺는 성도가 그
냥 30배, 60배, 100배의 열매를 맺는 것이 아니다. 세상 가운
데 가라지가 뿌려졌고, 그 가라지는 알곡과 함께 자란다. 하

나님의 백성도 이 땅에서 가라지와 함께 살아간다. 그래서 힘들다.

알곡과 가라지는 뿌리 깊이 묶여 있다. 밭도 좋고 씨도 좋아서 열매를 맺어야 하는데, 가라지가 있다. 그런데 주인은 이 가라지를 미리 뽑지 않는다. 가라지를 뽑다가 자칫 그 가라지에 얽힌 알곡까지 뽑힐 수 있다. 가라지는 알곡이 열매 맺는 것을 방해한다. 하지만 열매를 맺지 못하도록 완전히 막지는 못한다. 그래서 곡식을 다치게 할 수 있는 지금보다 나중에 추수할 때 뽑는 것이 낫다고 하는 것이다.

지금 우리의 상황은 코로나19로 고단하지만, 코로나가 종식된다고 해서 그것이 우리가 열매 맺는 신앙에 도움이 되겠는가? 나는 아니라고 생각한다. 코로나19가 사라지면 그동안 참석하지 못한 예배를 드리기 위해서, 성경공부를 하기 위해서 열심히 모일까? 그보다 다들 그동안 가지 못한 여행을 가겠다고 한바탕 소란이 일어나지 않을까?

가라지가 있든 없든 알곡은 열매 맺는다

우리의 신앙은 환난과 연단 사이에서 단단해진다. 하나님은 우리가 이 땅에서 알곡이 되기를 원하신다. 그래서 우리도 "하나님, 이 문제만 없으면… 이 상황을 해결해주시면… 이 사람이 없으면…" 이렇게 기도한다. 하나님께서 이 기도를 들어주시면 자신이 알곡처럼 자랄 수 있다고 생각하는 것이다. 그런데 아니다.

노골적으로 말해서 하나님 앞에 마음이 있는 사람 같으면, 환난이 있든 없든 계속해서 그 길을 간다. 공부하고자 하는 사람은 힘들어도 공부하고 편안해도 공부한다. 하지만 공부하기 싫은 사람은 꼭 환경 탓을 한다. 밖에서 TV 소리가 나서 공부를 못 하겠다고 한다. 나는 결심했는데 상황이 도와주지 않는다고 한다. 하지만 사실 그것은 마음이 없는 것이다.

알곡은 가라지가 있든 없든 하나님께서 키우시니까 반드시 열매를 맺는다. 환난 날에 환난이 있든 없든, 세상에 재앙이 있든 없든 하나님이 지키고 보호하시는 자는 반드시 열매를 맺는다. 환난 때문에 신앙이 꺾였다면 그것은 실제로 환난 때문에 꺾인 것이 아니라 내 신앙이 그것밖에 안 되었기 때문이다.

내 신앙이 단단하다면 무너지지 않는다. 내가 무너졌다면 그것은 내가 반석 위에 집을 짓지 않았다는 방증이지, 환난이 커서 무너진 것이 아니다. 가라지 비유의 결론은 "우리의 삶은 가라지와 엮여 있기 때문에 고단하다. 어렵고 힘들다. 그러나 낙망하지 말라! 추수할 때 가라지는 먼저 뽑아서 불태워버리고 알곡은 곳간에 모으신다"는 것이다. 천국을 향한 우리의 삶은 결코 실패하지 않는다. 그러면 우리는 어떻게 살아야 할까?

겨자씨와 누룩 비유 (마 13:31-33)

마태복음 13장의 세 번째 천국 비유는 겨자씨 비유이고, 네 번째 비유가 누룩 비유이다. 주님이 오실 그날까지 성도들이 이 세상에서 어떻게 살아가는지에 대해 하나님은 가라지 비유로 말씀하시고, 가라지 비유를 설명하시는 사이에 겨자씨와 누룩 비유를 넣어 설명하신다. 겸손히 하나님의 알곡으로 살아가는 자들이 열매를 맺도록 이 비유를 말씀하신 것이다. 이 비유는 이 땅의 알곡과 가라지가 어떻게 살아가는지를 설명한다.

> 31 또 비유를 들어 이르시되 천국은 마치 사람이 자기 밭에 갖다 심은 겨자씨 한 알 같으니 32 이는 모든 씨보다 작은 것이로되 자란 후에는 풀보다 커서 나무가 되매 공중의 새들이 와서 그 가지에 깃들이느니라 33 또 비유로 말씀하시되 천국은 마치 여자가 가루 서 말 속에 갖다 넣어 전부 부풀게 한 누룩과 같으니라 마 13:31-33

보이지도 않고 사라진 것 같다?

우리는 하나님의 말씀을 읽고 듣고 준행하려고 노력하지만,

가라지와 엮여 만만치 않다. 내가 말씀을 있는 그대로 보고 듣고 살아가는데, 이 말씀이 세상에 들어가면 겨자씨 한 알 같이 미약해 보인다. 겨자씨는 눈에 보이지 않을 만큼 작다. 천국은 밭에 심은 겨자씨 한 알이다. 아주 작은 씨를 심으면 그 씨가 보이지 않는다. 묻혀버린다. 이처럼 천국은 세상에 뿌려졌는데 묻혀서 잘 안 보인다.

우리가 이 땅에 살면서 천국을 향해 달려가야 하는데, 이 땅에서는 천국이 보이지 않는다. 마치 사라진 것 같다. 세상 것들이 더 강해 보인다. 세상의 환난과 코로나19 같은 어려움이 더 커 보여서 이겨낼 수 없을 것처럼 겨자씨는 숨겨져 있고 감춰져 있다. '진짜 이 말씀을 듣고 지키면 환난을 면할 수 있을까? 차라리 돈을 모으고 다른 것을 준비하는 것이 낫지 않을까?' 이것이 솔직한 우리의 속마음 아닌가? 세상 속에 있는 성도는 이리 떼 속으로 보낸 어린 양 같다. 세상에서 우리가 꼭 겨자씨 한 알 같다. 이 작은 겨자씨 한 알이 무엇을 바꿀 수 있을까? 어떻게 견뎌낼 수 있을까?

또한 우리는 어떤 존재인가? 밀가루 반죽에 들어간 누룩과 같다. 누룩은 빵을 부풀게 하는 가루이다. 밀가루 반죽 속 누룩의 양은 밀가루보다 많지 않다. 반죽하면 어느새 누룩은 보이지 않고 밀가루 안에 파묻힌 반죽 덩어리만 보인다. 그래서 마치 누룩이 사라진 것 같다.

그런데 우리는 반대의 상황을 원한다. 밀가루보다 누룩이 많았으면 좋겠다. 세상 가운데 믿는 사람이 더 많아지기를 바라고, 직장에 가면 사람들이 다 예수님을 믿었으면 좋겠다. 그러나 세상에 그런 곳은 교회뿐이다. 먼저 직장이 변화되고 사장님이 변화되기를 바라지만 그것은 우리의 착각이다. 누룩이 밀가루보다 많아질 수 없다. 이 세상에서 하나님의 말씀을 지키는 누룩은 작고 게다가 파묻혀 있다. 홀로 방주를 만들었던 노아의 모습이 바로 겨자씨와 같고 누룩과 같은 모습이다.

천국은 일하고 있다!

말씀을 듣고 지키고 견디는 것은 힘들다. 내 능력은 너무 작다. 세상을 변화시킬 실력도 없다. 세상은 변하지 않고 불의하기 때문에 그 속에서 살아가는 것도 힘들다. 그러나 세상을 바꾸는 것은 우리가 할 일이 아니다. 세상을 바꿀 능력은 우리가 아니라 하나님께 있다. 그리고 하나님은 이 세상을 마지막 심판 때 바꾸기로 작정하셨다. 그래서 지금 우리가 세상을 바꿀 수는 없다.

대신 우리가 해야 할 일이 있다. 그것은 이 세상의 빛과 소금의 역할이다. 노아처럼 하나님의 말씀을 지키며 의를 전파하는 것이 빛과 소금으로서 우리가 해야 할 일이다. 하나님은 빛과 소금으로 사는 우리를 통해서 필요한 사람들에게 은혜를 주신다. 우리는 그것으로 버티며 살아간다. 그래서 우리의 직장생활이 '떡'이 되고 '반죽'이 되는 것이 맞다. 하나님께서 우리를 보내신 곳이 '밀가루 속'이기 때문이다. 티도 안 난다. 우리는 눈에 보이지도 않는 아주 작은 겨자씨다.

그런데 어떤 일이 벌어지는가? 천국의 파워, 예수의 생명이 그 작은 씨를 뚫고 나와 새들이 와서 깃들일 수 있는 나무가 된다. 가루 서 말에 섞여 사라진 것 같고 이러다가 반죽으로 끝나버릴 것 같았지만, 그 힘이 밀가루를 전부 부풀게 해서 빵을 만들어내는 것이 바로 천국의 힘이다.

우리가 세상에서 떡이 되고 반죽이 되어 살아가더라도, 미약하고 사라져버린 것 같은 우리를 통해서 세상이 변화되고 이 세상에 천국을 이룰 수 있다. 하나님은 그 속에서 일하고 계신다. 우리는 이것을 믿어야 한다. 그러나 현실에서는 떡 반죽처럼 눌리고 뭉개질 것이다. 그러다보면 '그 겨자씨가 어디 있는가? 누룩이 있기는 한가? 우리가 진짜 빛이고 소금인가? 나는 무엇인가?' 이렇게 우리의 존재 의식마저 놓치고 살지도 모른다.

그러나 기억하라. 이것이 천국 백성의 실질적인 모습이다. 알곡은 반드시 열매를 맺는다. 천국은 일하고 있다. 하나님은 일하고 계신다.

밭에 감추인 보화와 좋은 진주를 구하는 장사 비유 (마 13:44-46)

마태복음 13장에 나오는 다섯 번째 천국 비유는 밭에 감추인 보화 비유이고, 여섯 번째는 좋은 진주를 구하는 장사 비유이다. 네 가지 땅에 떨어진 씨 비유와 가라지 비유, 겨자씨 비유와 누룩 비유, 밭에 감추인 보화와 좋은 진주를 구하는 장사 비유는 모두 비슷한 의미로 묶여 있다. 예수님은 이 비유들을 두 개씩 묶어서 반복적으로 말씀하셨다. 성경에서 반복은 강조를 의미한다.

44 천국은 마치 밭에 감추인 보화와 같으니 사람이 이를 발견한 후 숨겨 두고 기뻐하며 돌아가서 자기의 소유를 다 팔아 그 밭을 사느니라 45 또 천국은 마치 좋은 진주를 구하는 장사와 같으니 46 극히 값진 진주 하나를 발견하매 가서 자기의 소유를 다 팔아 그 진주를 사느니라 마 13:44-46

밭에 감추인 보화와 좋은 진주를 구하는 장사 비유는 이 땅에서 알곡으로 선택받아 천국을 향해 가는 사람이 어떤 삶을 추구해야 하는지를 말해준다. 우리는 흔히 하나님께 영광을 돌리고 싶다고 말한다. 그런데 우리는 그 마음을 내려놓아야 한다. 왜냐하면 우리는 마음은 있지만 '어떻게' 영광을 돌려야 하는지 모르기 때문이다.

부모가 자녀를 키울 때 부모는 자녀에게 효도를 받고 싶다기보다 그 자녀가 부모가 염려하지 않는 좋은 삶을 살기를 원한다. "반듯하게 잘 자랐다", "인성이 좋다", "자기 일에 성실하다" 이런 것들이다. 이것이 무너진다면 자녀가 아무리 돈을 많이 벌고 유명해져도 불안하다. 하나님도 그러실 거라고 생각한다.

우리 하나님은 영광이 부족하지 않고 충분하시다. 오히려 우리를 하나님의 영광으로 초청하시는 분이다. 우리가 먼저 해야 할 것은 영광을 돌리기에 앞서 성도의 삶을 제대로 사는 것이다. 이 땅의 알곡들, 반죽이 된 누룩, 땅에 파묻힌 작은 겨자씨처럼 천국이 보이지 않아도 천국을 소망하며 살아가는 성도는 무엇을 추구해야 하는가? 어떻게 살아가야 하는가?

천국은 이런 곳이다. 어떤 사람이 밭에서 보화를 발견한 후 모든 것을 팔아 그 밭을 샀다. 어떤 장사꾼이 좋은 진주를 찾다가 발견했을 때 자기의 모든 소유를 팔아 그 진주를 샀다. 천국은 애쓰고 발견하는 것이다. 그리고 발견했다면 자기의 모든 것, 모든 소유를 팔아 사는 것이다.

두 비유 모두 이 두 가지를 강조한다. 대충 준비해서는 천국을 소유할 수 없다. 자신이 가진 전부를 다 파는 '최선'이 있어야 천국을 소유할 수 있다. 그 사람의 소유가 많으냐 적으냐는 그다음 문제이다. 자신의 소유는 다른 말로 하면 하나님이 주신 것이다. 이 땅에 내 것이 어디 있는가?

요즘 아파트 때문에 난리이다. 그런데 솔직히 우리는 모두 이 땅에서 임대로 사는 것이다. 내 이름이 없으면 국가에서 임대한 아파트에 사는 것이고, 내 이름이 있으면 내 이름으로 임대한 아파트에 사는 것이다. 내 이름으로 되어 있다고 해서 내 것이라고 하는 것은 세상 사람의 논리이다.

내게 맡겨주신 것으로 영광 돌리는 성도의 삶

하나님께서 나에게 주신 것들에 대해 어떤 우선순위로 살아가고 있는가? 나는 교회에서 새신자 교육을 할 때 인생의 목적이 무엇인지 묻는다. "하나님의 영광입니까? 나의 세상 안락을 위해서입니까?" 그러면 모두 하나님의 영광이라고 답한다. 이 질문을 새신자 교육에 넣은 것은 오래전 한 성도의 질문 때문이다.

"목사님, 꼭 본 교회에 십일조하고 본 교회에서만 예배드려야 합니까?"

지금처럼 영상으로 예배드리는 시대에는 다른 교회 예배를 드릴 수 있을 것이다. '하나님이 모든 예배를 받으시는데, 꼭 본 교회 예배를 드려야 할까?' 이런 생각을 할 수 있다. 하지만 내게 질문한 성도는 "십일조는 하나님께 드리는 것인데, 본 교회에 하지 않고 선교사님에게 보내도 되지 않습니까?"라고 말한 것이다. 그 성도에게 삶의 목적이 무엇인지 물었더니 "하나님께 영광이죠"라고 대답했다. 그래서 "모든 교회의 목적은 하나님께 영광입니다. 그런데 각 교회마다 영광을 돌리는 방법이 다릅니다. 내가 이 교회에 등록했다는 것은 교회를 함께 세워가겠다고 약속한 것인데, 헌금도 안 하고 봉사도 안 해서 무너진다면 그 책임을 누가 지겠습니까? 하나님이 나에게 맡기신 가정과 교회가 먼저입니다. 선교사님들을 더 섬길 수 있지만 먼저 하나님이 나에게 맡겨주신 본 교회에서 예배드리고, 본 교회에 십일조를 하면서 잘 섬기세요"라고 말했다.

모든 교회의 목적은 하나님께 영광을 돌리는 것이다. 마커스 워십의 목적도 하나님께 영광이다. 다른 찬양팀들 역시 그럴 것이다. 방법은 다르지만 모두 같은 목적을 가졌다. 만약 하나님께서 나에게 주내힘교회가 아닌 다른 교회에 대한 책임을 물으신다면 나는 할 말이 있다.

"하나님! 저에게 맡겨주신 교회는 주내힘교회입니다. 그 교회는 그 교회 담임목사에게 물으셔야 합니다!"

하나님이 나에게 옆집 가정의 문제를 추궁하실까? 그렇지 않다. 그것은 나와 상관이 없다. 결국 하나님께서 우리에게 물으시는 것은 하나님이 나에게 맡기신 것이다. 하나님이 나에게 맡기신 가정과 직장과 사람에 대해 물으신다. 맡기지 않은 것에 대해서는 묻지 않으신다. 하나님께서는 내게 맡기신 것, 내가 가진 것으로 이 땅에서 어떻게 살았는지를 물으실 것이다. 세상 사람이 자기 자신을 위해 산다면, 그리스도인은 자기를 위해 사는 자가 아니라 하나님나라를 위해서 살아야 한다. 이것이 말세를 살아가는 성도들이 하나님께 칭찬받고 하나님의 은혜를 받는 방법이다.

빌라델비아교회를 잊지 말아야 한다. 하나님은 작은 능력을 가지고도 자신에게 맡겨진 것을 배반하지 않고 최선을 다해 살아가는 사람들, 인내의 말씀을 지키는 사람들을 보호하신다. 밭에 감추인 보화, 좋은 진주를 얻기 위해 자신이 가진 모든 것을 팔아 최선을 다해 살고 그것을 소유하는 삶, 이것이 천국 백성이 살아갈 유일한 방법이다.

천국에 전심을 쏟으라

이 말씀을 읽는 자와 듣는 자와 지키는 자가 복되다. 어떤 자가 이 말씀을 지키겠는가? 어떤 자가 이 말씀대로 살아가겠는가? 우리 모두 읽을 수 있고 들을 수 있다. 그러나 살아간다는 것은 다른 문제이다. 우리가 주식 이야기를 들을 수 있고, 펀드 이야기도 들을 수 있다. 그러나 그것을 사는 것은 다른 문제이다. 돈을 내고 내 소유로 삼아 실제로 그것으로 이익을 남긴다는 것은 마음에 두었다는 것이다.

우리는 어떻게 살아야 하는가? 하나님께서 우리에게 보여주신 천국에 전심을 내야 한다. 애써서 발견했다고 해서 그것이 곧 내 것이 되는 것은 아니다. 그렇다면 전심을 내야 한다! 씨가 뿌려졌다고 내 것이 아니다. 그렇다면 어떻게 해야 내 것이 되는가? 내 것을 다 팔아 전폭적인 투자를 하는 자만이 소유할 수 있다.

아내에게 청혼할 때 내가 앞으로 어떻게 살지 이야기했다. "나는 신학을 할 거고, 주의 종이 되기로 결심했다. 나와 결혼하면 힘들 것이다. 주님의 길을 갈 때 이왕이면 제대로 가고 싶다. 분명히 쉽지 않은 길일 것이다. 그렇지만 100퍼센트 가치 있을 것이다. 내가 당신에게 장담할 수 있는 것은 이것밖에 없다. 나는 이 길에 내 인생을 걸었다!" 결과는 어땠을까? 이렇게 말하고 퇴짜를 맞았다. 그 당시 아내는 사모가 될 마음이 없었다. 그런데 하나님께서 아내의 마음을 바꿔주셔서 결혼하게 되었다.

주님이 "남국아, 너 목회했으면 좋겠어"라고 하셨을 때 나는 고민했다. 그 길을 간다는 것이 무엇인지 잘 알고 있었다. 내 것보다 하나님의 것을 우선하고, 물질을 좇지 않아야 하고, 더 얻을 수 있어도 하나님이 원치 않으시면 거절해야 한다는 것을 알았다. 한번은 돈을 크게 벌 기회가 있었다. 그런데 투자하지 않았다. 왜 그랬을까? 내가 주의 종이 아니었다면 투자했을 것이다. 그러나 나는 주의 종이고, 지금도 하나님이 주신 것으로 넉넉하다. 물질을 얻고 부유해질 수 있어도 주의 종은 그 길을 가면 안 될 때가 있다.

처음에 신학을 하는 것에 대해서 고민했다. 목사가 되면 성질도 못 낸다. 고등학교 때까지 나를 건드리는 사람이 아무도 없었다. 나를 건드려서 이긴 사람이 없었기 때문이다. 그런데 내가 주의 종이 되고 나서 어떻게 됐는지 아는가? 교회에 다니면서 성질이 반으로 줄었고, 주의 종이 되면서 나는 완전히 등신이 되었다. 화도 내면 안 된다. 목사가 화를 내면 목사도 화나게 하는 나쁜 놈은 생각하지 않고, 목사가 화를 내느냐고 말하기 때문이다.

그러면 내 성질대로 못 살고 재물도 추구하지 못하는데, 왜 이 길을 가는지 아는가? 이 길이 100퍼센트 명예로운 길이라는 것을 알고, 하나님 앞에 내 인생을 걸었기 때문이다. 이것이 내가 100퍼센트 확신하는 것이다. 천국이 진짜 여러분이 품는 목적지이고 소망하는 바인가? 천국은 진짜이고 전부이다! 그래서 마음을 다하는 것이다.

마지막 때는 환난과 어려움이 있다. 그러나 천국에 완전히 전심한다면 하나님은 하나님의 백성을 버리지 않으신다. 우리 안에 하나님을 향한 전심이 있는가? 좋은 진주를 구하기 위해 모든 소유를 다 팔아 그것을 소유하려는 마음과 삶이 있는가? 그것이 천국을 향한 우리의 삶의 방법이다.

우리 신앙의 싸움은 내 것을 버리기 싫어하기 때문에 일어난다. 가라지와 함께 부대끼며 힘들게 살아가는 이 세상, 떡이 되고 반죽이 되어야 하는 세상 속에서 어떻게 살겠는가? 노아가 방주를 만들 때 하나님이 하신 모든 말씀을 전심으로 준행한 것처럼, 우리도 하나님의 말씀을 준행하는 데 전심해야 한다.

장사 망하는 사람과 공부 못하는 사람과 운동 못 하는 아이들의 특징이 있다. '나는 최고가 되고 싶지 않아. 80점만 맞으면 돼'라고 생각하고 행동한다는 것이다. 그러나 그러면 절대 80점을 받지 못한다. 100점 맞을 각오로 공부해야 80점이 나온다. 80점을 목표로 한다면 60점쯤 나온다. 전심을 내야 열매를 맺는 것이다. 그래서 내리는 마지막 결론은 "천국을 향해 전심하라!"이다.

그물 비유 (마 13:47-50)

마태복음 13장의 마지막 일곱 번째 천국 비유는 그물 비유이다.

> 47 또 천국은 마치 바다에 치고 각종 물고기를 모는 그물과 같으니 48 그물에 가득하매 물가로 끌어내고 앉아서 좋은 것은 그릇에 담고 못된 것은 내버리느니라 49 세상 끝에도 이러하리라 천사들이 와서 의인 중에서 악인을 갈라내어 50 풀무불에 던져 넣으리니 거기서 울며 이를 갈리라 마 13:47-50

천국은 마치 바다에 쳐서 온갖 물고기를 모는 그물과 같다. 추수 때 알곡은 곳간에 들이고 가라지는 불에 태워진다. 이 땅의 삶은 이 땅으로 끝나는 것이 아니라 이후에 반드시 심판이 있다. 가라지와 엮여 이 땅에서 힘들고, 땅에 묻힌 겨자씨나 밀가루에 섞인 누룩이라도 천국을 소망하며 살아야 할

진짜 이유는 심판이 있기 때문이다.

이 세상이 흔들리고 흉흉해도 우리가 두려워하지 않을 이유는 땅의 것이 전부가 아니며, 하늘의 것이 땅을 지배하게 되기 때문이다. 이렇게 마지막에 심판이 있음을 예고하며 그물 비유로 천국 비유를 끝맺는다.

하나의 이야기

천국에 관한 7가지 비유는 결국 하나의 이야기이다. 천국의 씨가 이 땅에 뿌려졌다. 그런데 씨의 문제가 아니다. 어떤 밭인지에 따라 열매를 맺느냐 아니냐가 결정된다. 알곡은 가라지와 섞여서 힘들게 자라지만, 가라지는 결코 알곡이 열매 맺는 것을 막지 못한다. 마지막 세상 끝날에 알곡과 가라지가 분리될 때까지 가라지는 알곡 옆에서 떨어지지 않는다. 그래서 열매 맺는 과정 중에 천국이 보이지 않는 것 같고, 떡이 되고 반죽이 되어 으깨지는 인생을 살게 된다.

그러나 이 땅에 뿌려진 천국의 힘과 하나님의 능력을 믿어야 한다. 변화되는 능력이 여기에 있다. 떡이 되고 반죽이 되고 아주 미미해 보여도 전심하여 하나님 앞에서 살아가야 한다. 심판이 없다면 우리의 열심은 의미가 없다. 그러나 반드시 심판이 있고, 그 심판 이전에 우리를 순금같이 만드는 고통이 있다. 이것은 알곡이 열매를 맺는 과정이며, 새 생명이 탄생하는 하나님의 역사이다. 그러나 준비하지 않은 자는 고통과 어려움 가운데 심판을 당할 것이다.

말세를 만나는 우리에게 성경은 하나의 종교 경전이 아니다. 환난을 피하는 유일한 도구이다. 어렵고 힘들겠지만 작은 능력으로 인내의 말씀을 지켜라. 그러면 하나님의 은혜를 입을 것이다. 우리 안에 다시 주의 말씀을 읽고 듣고 공부하는 성령의 불이 일어나기를 바란다.

어떻게 할지 모르겠는가? 일단 성경을 읽기 시작하라. 젊을수록 더 많이 읽으라. 그러면 하나님의 은혜의 역사가 여러분의 심령 가운데 임할 것이다. 성경 말씀이 그냥 지식이 아니라 정말 살아 있다는 것을 경험하게 될 것이다. 두려워하지 말고 말씀과 기도로 거룩한 삶을 살아가기 바란다.

chapter 6

천국 잔치에 초대되다

마태복음 13장의 7가지 천국 비유는 천국에 대한 이야기라기
보다 이 땅에서 천국 백성으로 어떻게 살아가야 하는지를 알
려준다고 할 수 있다. 이 천국 비유는 예수님의 공생애 가운데
전반기에 속한다. 이번에는 예수님이 들려주신 14가지 비유를
간략하게 살펴보려고 한다.

예루살렘을 향해 가시다

이 14가지 비유는 대부분 누가복음에 나온다. 누가복음 14장
부터 18장까지의 내용과 마태복음 24,25장을 살펴보려고 하
는데 그전에 먼저 배경을 살펴보자.

22 예루살렘에 수전절이 이르니 때는 겨울이라 23 예수께서 성전 안 솔로몬 행각에서 거니시니 24 유대인들이 에워싸고 이르되 당신이 언제까지나 우리 마음을 의혹하게 하려 하나이까 그리스도이면 밝히 말씀하소서 하니 요 10:22-24

유대인들이 예수님을 에워싸고 그리스도이면 그렇다고 밝히라고 요구한다. 예수님이 그리스도임을 밝히셔도 그들은 오히려 예수님을 신성모독으로 죽이려 들었고, 예수님은 그들에게서 벗어나 피하셨다.

39 그들이 다시 예수를 잡고자 하였으나 그 손에서 벗어나 나가시니라 40 다시 요단강 저편 요한이 처음으로 세례 베풀던 곳에 가사 거기 거하시니 41 많은 사람이 왔다가 말하되 요한은 아무 표적도 행하지 아니하였으나 요한이 이 사람을 가리켜 말한 것은 다 참이라 하더라 42 그리하여 거기서 많은 사람이 예수를 믿으니라 요 10:39-42

사도 요한은 이후에 장면을 전환한다. 세례 요한이 처음 세례를 베풀며 예수님을 향해 "보라 세상 죄를 지고 가는 하나님의 어린 양이로다"(요 1:29)라고 했던 곳, 그곳은 요단강 저

편에 있는 베뢰아 땅으로, 이스라엘의 동쪽이다. 이 지역은 이스라엘 백성에게 환난과 재난을 상징한다. 요한은 베뢰아 땅에서 예수님이 하신 사역을 짧게 기록했지만(40-42절), 누가는 그곳에서 베푸신 예수님의 사역과 비유를 자세히 기록한다.

예수께서 각 성 각 마을로 다니사 가르치시며 예루살렘으로 여행하시더니 눅 13:22

이 여행이 예수님의 공생애 마지막 6개월이다. 그리고 그곳에서의 사역을 '베뢰아 사역'이라고 부른다. 예수님은 예루살렘으로 곧장 가신 것이 아니라 베뢰아 지방을 오가시다가 예루살렘으로 가셨다. 예수님의 최종 목적지는 예루살렘이다. 예수님의 사역이 예루살렘에서 완성되기 때문에 예루살렘을 향하여 가고 있다고 여러 번 강조한다. 이 마지막 6개월은 예수님의 사역을 마무리하는 말씀을 전한 시기이다.

예수님은 이때 수많은 천국 비유를 쏟아내셨다. 누가복음 13장부터 계속해서 비유가 등장한다. 14장 큰 잔치 비유, 15장 세 가지 잃은 것 비유, 16장 부자 비유, 17장 무익한 종 비유, 18장 과부와 불의한 재판장 비유, 바리새인과 세리의 기도 등 비유가 폭포수처럼 쏟아진다.

주님은 비유로 감추인 것을 드러내고, 우리에게 더 쉽게 천국을 이해시키기 위해 비유를 사용하셨다. 천국은 우리가 경험해보지 못했고 본 적도 없다. 그래서 "마치 천국은…"이라고 비유로 설명하실 수밖에 없는 것이다. 천국은 이 땅의 것으로는 설명할 수 없다.

구원은 좁은 문이다

예수님은 예루살렘으로 여행하시며 본격적으로 비유를 말씀하시기 전에 다음과 같이 강조하신다.

> 24 좁은 문으로 들어가기를 힘쓰라 내가 너희에게 이르노니 들어가기를 구하여도 못하는 자가 많으리라 25 집주인이 일어나 문을 한 번 닫은 후에 너희가 밖에 서서 문을 두드리며 주여 열어주소서 하면 그가 대답하여 이르되 나는 너희가 어디에서 온 자인지 알지 못하노라 하리니 눅 13:24,25

주님은 좁은 문으로 들어가기를 힘쓰라고 하시며 구원에 이르는 길을 강조하셨다. 그리스도인의 삶은 좁은 문으로 들어가는 삶이다. "집주인이 일어나 문을 한 번 닫은 후에 너희가 밖에 서서 문을 두드리며 주여 열어주소서…"(25절)라는 말씀을 읽을 때 떠오르는 말씀이 있을 것이다. 바로 "열면 닫을 사람이 없고 닫으면 열 사람이 없는"(계 3:7)라는 요한계시록의 말씀이다. 구원은 좁은 문이다. 한 번 열면 주님이 여셨기에 누구도 닫을 수 없다. 그러나 주님이 한 번 닫으시면 그때는 열 자가 없다. 기독교의 시간은 그렇게 종말을 향해 가고 있다.

그런데 예수님께서 유대인이 듣기에 아주 끔찍한 말씀을 하신다.

28 너희가 아브라함과 이삭과 야곱과 모든 선지자는 하나님나라에 있고 오직 너희는 밖에 쫓겨난 것을 볼 때에 거기서 슬피 울며 이를 갈리라 29 사람들이 동서남북으로부터 와서 하나님의 나라 잔치에 참여하리니 30 보라 나중 된 자로서 먼저 될 자도 있고 먼저 된 자로서 나중 될 자도 있느니라 하시더라 눅 13:28-30

유대인들은 선민인 자신들은 당연히 구원받는다고 생각했다. 그런데 이제는 유대인이라는 혈통 때문에 구원받지 못한다고 선포하시는 것이다. 또한 하나님나라 잔치에 들어갈 사람들은 자신들이 아니라 하나님이 사방에서 모은 자들이라고 말씀하신다. 그중에 나중 된 자가 먼저 될 수 있다는 것 또한 유대인들에게 엄청나게 충격적인 내용이다. 우리는 이 전제를 가지고 누가복음 14장의 비유를 시작해야 한다.

누가복음 14장의 비유

누가복음 14장은 안식일 논쟁(1-6절), 잔치에 청함을 받았을 때 어떻게 해야 하는지(7-14절), 그리고 큰 잔치 비유(15-24절)와 제자도(25-35절)를 말씀하신다. 그 사이에 망대 비유와 전쟁 비유(28-32절)가 나온다. 이 비유를 하기 위해서 예수님은 의도적으로 안식일 논쟁을 벌이셨다.

> 안식일에 예수께서 한 바리새인 지도자의 집에 떡 잡수시러 들어 가시니 그들이 엿보고 있더라 눅 14:1

안식일에 유대인들이 예수님을 초청했지만, 그것은 예수님을 시험하려는 의도였다. 사람들이 책잡기 위해 예수님을 바라보는데, 예수님은 일부러 수종병 있는 자를 부르셨다. 그리고 율법교사들과 바리새인들에게 "안식일에 병 고쳐주는 것이 합당하냐 아니하냐"(눅 14:3)라고 물으신다. 율법에는 안식일에 병 고치지 말라는 말은 없다. 그래서 그들이 잠잠하자 예수님은 그 병자를 고쳐 보내셨다. 이것은 예수님이 유대인들에게 시비를 거신 것이다. 그리고 7절부터 잔치의 상석에 관한 비유를 시작하신다.

예수님이 유대인들에게 시비를 거신 이유는 '안식'에 대해 말하고 싶으셨기 때문이다.

하나님이 그 일곱째 날을 복되게 하사 거룩하게 하셨으니 이는 하나님이 그 창조하시며 만드시던 모든 일을 마치시고 그 날에 안식하셨음이니라 창 2:3

하나님께서 천지를 창조하시고 일곱째 날을 복되게 하사 거룩하게 하셨다. 인간에게 6일 동안 열심히 일하고 7일에 하나님을 섬기고 하나님과 교제를 누리도록 안식일을 만드셨다. 단순한 쉼이 아니라 하나님과 깊은 관계가 없으면 6일 동안 하나님의 뜻대로 살 수 없다는 것을 의미한다. 그런데 하나님께는 안식이 필요 없다. 하나님은 완벽하시다. 그러니까 안식한다는 말의 또 다른 의미는 "하나님이 만드신 세상은 완벽하다"는 것이다.

유일한 문제는 우리가 하나님과의 관계가 무너질 때 안식

또한 무너진다는 것이다. 선악과 사건으로 우리의 안식이 깨어졌다. 모든 신앙의 문제는 다 똑같다. 지금도 우리가 안식을 누리지 못하는 것은 실제 하나님과의 관계가 깊지 않아서다. 썬 뿌리는 하나님과의 관계가 끊어진 곳에서부터 시작된다. 하나님과의 관계가 끊어져서 사람과의 관계가 끊기고, 자연과의 관계도 무너지는 저주스러운 연쇄반응이 일어난다. 지금도 하나님과의 관계가 온전하지 못한 사람은 사람과 관계가 어렵고 주위 관계를 깨뜨린다. 그런데 하나님과 관계가 회복되면 사람과의 관계에서도 넉넉함이 생기고 은혜를 주고받으며 관계를 확장해간다. 이 원칙은 변하지 않는다.

신앙에 문제가 있다면 그것은 주일예배로부터 시작된다. 예배는 사람과의 관계가 아니라 하나님과의 관계이기 때문이다. 관계가 깨지면 환경에 끌려가게 된다. 관계가 좋으면 환경에 문제가 있어도 그 관계가 깨지지 않는다. 그래서 안식이 중요하다.

예수님이 안식일에 수종병 든 자를 고치셨다. 이것이 진짜 안식일의 의미이고, 주님이 오신 이유이다. 병자는 고침을 받아야 안식한다. 코로나19에 걸린 환자는 치유되어야 안식이 있다. 소상공인은 사업이 잘되는 것이 안식이다. 나의 무너진 곳이 세워질 때 안식하게 된다. 하나님께서 안식일을 만드신 이유는 죄로 무너진 우리가 하나님 안에서 회복되기를 바라시기 때문이다. 이것이 진정한 안식이다.

그러나 진정한 안식은 이 땅이 아니라 천국에 가야 얻을 수 있다. 진정한 안식이 천국에 있기에 안식의 개념 역시 천국으로 이어져야 한다. 천국은 회복이 있고, 병이 없고, 죄가 없고, 눈물이 없는 곳이다. 그러니까 우리의 인생은 진정한 안식을 향해 달려가고 있는 것이다.

예수님은 의도적으로 바리새인의 집에 떡을 잡수러 들어가셨다. 그리고 수종병자를 통해 안식의 진짜 의미를 알리실 뿐만 아니라 한 걸음 더 나아가기를 원하셨다. 바리새인들은 안식일에 모일 때마다 높은 자리를 탐하며 대접받기를 원했다. 그들이 세상에 마음을 두었다는 것을 알기에 예수님은 그들의 잔치에 빗대어 천국에 대해 본격적으로 가르치신다.

잔치 비유 (눅 14:7-14)

이 비유는 천국 잔치를 염두에 두고 시작한다. 잔치는 우리가 들어갈 천국의 모형이다. 잔치에 초대된 자는 천국에 들어가는 자이다. 잔치 비유는 "잔치에 초대받았다면 이런 자세를 취하라", "네가 잔치에 초대한다면 이 같은 마음으로 이런 사람들을 초대하라"는 두 가지를 알려준다. 세상 잔치의 기준과 덕을 알려주시는 것이 아니라 천국 잔치에 걸맞은 기준점을 제시하신다.

8 네가 누구에게나 혼인 잔치에 청함을 받았을 때에 높은 자리에 앉지 말라 그렇지 않으면 너보다 더 높은 사람이 청함을 받은 경우에 9 너와 그를 청한 자가 와서 너더러 이 사람에게 자리를 내주라 하리니 그때에 네가 부끄러워 끝자리로 가게 되리라 10 청함을 받았을 때에 차라리 가서 끝자리에 앉으라 그러면 너를 청한 자가 와서 너더러 벗이여 올라앉으라 하리니 그때에야 함께 앉은 모든 사람 앞에서 영광이 있으리라 11 무릇 자기를 높이는 자는 낮아지고 자기를 낮추는 자는 높아지리라 눅 14:8-11

예수님은 높은 자리에 앉으려고 다투는 사람들에게 상석이 아니라 끝자리가 낫다고 말씀하신다. 하나님나라는 내가 높임을 받고 싶다고 해서 받을 수 있는 곳이 아니다. 초대를 받았을 때 명심해야 할 것은 잔치의 어느 자리에 앉을지 결정하는 것은 주인이라는 것이다. 주인이 주권자다. 나의 원함이 아닌 주인의 결정에 따라 앉게 되는 곳이 천국이다.

천국 잔치를 바라보고 살아가는 자들의 태도와 자세는 겸손이다. 천국은 당연히, 마땅히 들어가는 곳이 아니다. 예수님도 끝자리에 앉았다가 높은 자리로 인도되는 지혜를 알려주신 것이 아니다. 그 잔치에 내 자리가 중간이든, 높은 자리든, 낮은 자리든 그 어디든 결정권은 주인에게 있지 나에게는 없다. 우리는 모두 천국에 들어갈 자격이 없는 사람들이다.

나는 29세에 하나님께서 목회자의 길을 가라는 마음을 주셔서 4개월간 공부하고 신학교에 가기 위한 시험을 치렀다. 10년이나 안 하던 공부를 다시 하려니 여간 고생이 아니었다. 암기과목만 한 달에 두 과목씩 8과목을 공부했다. 영어와 수학은 일찌감치 포기하고 국어는 문제집을 풀어가며 하루에 서너 시간만 자며 공부했다. 그 시험을 준비하면서 내가 수석을 바랐을까? 60명 정원 중에 딱 60등만 되면 좋겠다는 심정이었다. 오직 시험에 붙어서 신학교에 들어가는 것이 목적이었기 때문이다. 4개월 동안 공부하면서 하나님 앞에 정말 열심히 기도했다. 영어와 수학을 포기했는데 합격이 쉬웠겠는가? 그런데 암기과목 중에서 내가 공부한 부분이 나와 합격할 수 있었다. 그때 내 목표는 간단했다. 60등 하는 것이었다. 내 실력을 아니까 세운 목표였다.

천국도 그와 같다. 천국을 생각하면 나는 자격이 없다. 맨 끝자리에 앉는 것이 마땅하다. 잔치에 참여하여 끝자리에 앉으라는 것이 바로 이런 뜻이다. 내가 높은 자리에 앉을 자격이 없다는 것이다. 이 비유를 통해 주님은 말씀하신다.

"하나님의 나라를 정말 바라보고 있니? 천국이 어떤 곳인지 아니? 너희의 의는 주인에게 있다. 유대인이라고 다 들어가지 못한다. 동서남북 사방에서 초청할 것이다. 천국은 좁은 문이다. 이 잔치는 주인만이 권리가 있다. 천국을 생각한다면 이 땅에서 높은 자리를 생각하지 말라. 하나님나라에 갈 자라면 자신이 얼마나 비천한 자인지 깨달아야 한다!"

내가 주인의 잔치에 초대되었다면 나는 주인의 주권에 따라야 한다. 내가 자격 없음을 알고 끝자리에 앉아야 한다. 그런데 내가 주인이 되어 이 땅에 잔치를 베푼다면 어떻게 해야겠는가?

12 또 자기를 청한 자에게 이르시되 네가 점심이나 저녁이나 베풀거든 벗이나 형제나 친척이나 부한 이웃을 청하지 말라 두렵건대 그 사람들이 너를 도로 청하여 네게 갚음이 될까 하노라 13 잔치를 베풀거든 차라리 가난한 자들과 몸 불편한 자들과 저는 자들과 맹인들을 청하라 14 그리하면 그들이 갚을 것이 없으므로 네게 복이 되리니 이는 의인들의 부활 시에 네가 갚음을 받겠음이라 하시더라 눅 14:12-14

잔치를 베풀려면 갚을 것이 없는 자들에게 베풀어야 한다. 이것이 굉장히 중요하다. 돈 있는 사람, 되갚을 수 있는 사람에게 잔치를 베푸는 것은 자신을 위한 것이다. 이렇게 하는 사람은 땅의 것에 이익을 두는 사람이다.

하나님께서는 "내가 네게 준 것을 가지고 베풀 때 이 땅에서 보답받으려고 하지 말라"고 하신다. 내가 나누려고 하는 것은 다 내 것이 아니라 하나님이 주신 것이다. 천국은 자기 소유를 다 팔아 좋은 진주를 사는 것이다. 내가 이 땅에서 보답을 받아버리면 천국에서는 없다. 그래서 천국 잔치는 값없이 베푸는 것이다. 우리도 그렇게 값없이 초대받았기 때문이다. 천국에 초대받고 살아가는 우리는 이 땅에서 값없이 줄 수 있어야 한다. 거저 받았으니 거저 주는 것이다.

이 잔치는 하나님나라의 모형이다. 이것이 천국이다. 천국을 소망하고 천국 백성의 삶을 살고 싶다면 이 땅에서 먼저 천국 백성답게 살아야 한다. 천국 백성의 삶은 거저 받은 것을 거저 주고, 하나님 앞에 섰을 때 하나님의 칭찬을 소망하는 것이다. 이 땅에서 어떤 이익을 남길지, 어떤 사람을 초대하는 것이 이득인지, 이 땅에서 살아가는 것에 마음을 두지 않아야 한다. 갚을 수 없는 자에게 베풀면 하나님이 갚아주신다.

우리도 하나님의 나라에서 받을 것이 있다. 그래서 우리는 이 땅에서 하나님의 마음으로 베풀어야 한다. 그것이 천국 백성의 초대 방법이고, 말세를 피할 수 있는 가장 중요한 조건이다. 하나님이 주신 것을 어떻게 사용했는지 체크해보라.

큰 잔치 비유 (눅 14:15-24)

큰 잔치 비유에서는 잔치에 들어갈 자격을 갖춘 자가 누구인지 설명한다.

> 18 다 일치하게 사양하여 한 사람은 이르되 나는 밭을 샀으매 아무래도 나가 보아야 하겠으니 청컨대 나를 양해하도록 하라 하고 19 또 한 사람은 이르되 나는 소 다섯 겨리를 샀으매 시험하러 가니 청컨대 나를 양해하도록 하라 하고 20 또 한 사람은 이르되 나는 장가들었으니 그러므로 가지 못하겠노라 하는지라 눅 14:18-20

잔치에 초대받았으나 사양한 세 종류의 사람이 나온다. 한 사람은 밭을 사서 못 가고, 또 한 사람은 소를 사서 그것들을 시험하느라 못 가고, 또 한 사람은 장가들어 못 간다고 한다. 잔치에 가지 못하는 이유는 다양하지만, 한 가지는 같다. 주인이 베푸는 잔치가 그들의 우선순위에 없다는 것이다. 그들은 모두 자기 것을 우선했다. 주인의 초청보다 내 것을 중요하게 여기는 자들이다.

밭을 산 사람이 보러 간 밭은 오늘 새로 산 밭이 아니라 이미 사놓은 밭이다. 그것을 꼭 잔칫날에 보지 않아도 되는데, 밭을 보러 나간다고 한다. 소 다섯 겨리는 소 열 마리이고, 꼭 그날이 아니어도 되는데 소를 시험하러 간다. 이를테면 새 차를 뽑았으니 시승식을 해야 한다는 것이다. 장가든 사람 역시 그날이 결혼식은 아니다. 유대인들은 결혼한 뒤 가정에 충실할 수 있도록 보호해주는 제도가 있었는데, 이 사람은 가정을 핑계로 잔치에 참여하지 않은 것이다.

모두가 현실적으로 더 이익이 나는 곳에 관심이 있고, 하나님의 나라에 가서 받을 것에는 관심이 없다. 이 땅에서 이익이 되는 것, 밭도 살펴보고, 소도 시험해보고, 장가가서 내 삶도 챙겨야 하니 잔치에는 못 가겠다고 거절한 것이다. 이들의 공통점은 우선순위가 뒤바뀐 사람들이라는 것이다. 그들이 가진 그 밭, 그 소, 그 가정이 누구의 것인가? 누가 주신 것인가? 주님이 주신 것이다.

그런데 그들은 다 '내 것'이라고 말한다. 내 밭, 내 소, 내 가정을 말하고, 정작 주인에게는 관심이 없다. 하나님나라에 관심이 없다. 그들은 세상 것에만 관심을 두고 자기 일, 자기 것에 우선순위를 둔다. 이것이 천국에 들어가지 못한 자들의 특징이다. 하나님의 나라보다 자신의 것에 관심을 가지고 우선순위를 둔 자들이다.

그렇다면 천국에 들어가는 사람은 누구인가?

종이 돌아와 주인에게 그대로 고하니 이에 집주인이 노하여 그 종에게 이르되 빨리 시내의 거리와 골목으로 나가서 가난한 자들과 몸 불편한 자들과 맹인들과 저는 자들을 데려오라 하니라 눅 14:21

유대인들은 자신들이 천국에 들어갈 자격이 있다고 생각했다. 가난한 자, 몸 불편한 자, 맹인, 다리 저는 자는 하나님나라의 유업과 관계없는 자들이라고 생각했다. 그들은 하나님으로부터 저주받은 자들이고, 예배에 들어오지 못하는 자들이었다. 그런데 그들이 잔치에 초대받았다. 이것은 유대인들에게 엄청난 충격이었다. 잔치에 초대된 이들은 스스로 자격이 있다고 여긴 오만한 유대인들과 달리 스스로 자격이 없다고 생각하기 때문에 도리어 감사로 잔치에 참여한다.

22 종이 이르되 주인이여 명하신 대로 하였으되 아직도 자리가 있나이다 23 주인이 종에게 이르되 길과 산울타리 가로 나가서 사람

을 강권하여 데려다가 내 집을 채우라 24 내가 너희에게 말하노니 전에 청하였던 그 사람들은 하나도 내 잔치를 맛보지 못하리라 하였다 하시니라 눅 14:22-24

길과 산울타리 가로 나갔다는 것, 마을 사람들 말고도 밖에 있는 사람을 데려왔다는 것은 그들이 이방인이라는 것을 상징한다. 유대인의 입장에서는 이해하지 못할 이야기이다. 어떻게 이방인이 천국에 들어갈 수 있을까? 그러나 예수님은 이제 천국이 선택받은 유대인들 우선이 아니라 확장되었다고 선포하신다. 우리의 생각을 넘어 천국에 들어오지 못한다고 여겼던 자들이 천국에 들어오게 될 것이라고 말씀해주신다.

그런데 길과 산울타리로 나가서 사람들이 잔치에 참여하도록 하기에 거리가 너무 멀지 않은가? 나는 비 오는 날 밖에 나가는 것을 매우 싫어한다. 일단 비가 오면 귀찮다. 비 오는 날에는 방 안에서 비 오는 풍경을 바라보는 것이 가장 좋다. 아무리 맛있는 것을 사준다고 해도 비 오는 날 밖에 나가기는 싫다. 이들은 산울타리 너머에 있다. 멀고 귀찮을 수 있다. 그래서 강권(強勸)해야만 한다. 이것이 중요하다. 그들은 강권함을 받은 자들이다.

은혜가 무엇인가? 내가 청년 때부터 지금까지 하나님의 은혜 안에서 살아온 비결 중 하나는 내 곁에 하나님의 천사들이 있었기 때문이다. 그 천사들이란 나를 위해 강권해줄 수 있는 사람들이다. 내 인생에도 이런 천사가 몇 명 있다. 나는 힘들고 싫었는데 나를 강권하여 찬양의 자리로, 말씀의 자리로 데려가주는 사람, 그 사람이 여러분의 천사이다. 천국에 들어오는 자의 특징은 그 강권함을 들은 자이다. 강권함을 들을 수 있는 마음이 있어야 한다.

길 밖에 나가 강권했을 때 그 사람 역시 먼 길을 와서 잔치에 참여했다. 그것은 잔치를 강권했을 때 듣고 참여할 소망이 생겼다는 것이다. 나중에 잔치에 온 사람들의 특징은 자격이 없든, 강권함을 들었든, 자기 것을 내려놓고 이 잔치에 마음을 두고 살아온 자들이다. 그런 자들이 자격이 있다.

유대인들처럼 '나는 자격이 있어! 나는 이 정도로 충분해'라고 생각하는 사람은 자격이 없다. 세상 것에 마음과 우선순위를 둔 사람은 자격이 없다. 천국 잔치에 들어가는 것은 세상 조건에 있지 않다. 그가 맹인이든, 절름발이든, 멀리 있든지 상관이 없다. 이 잔치에 우선순위를 둔 자, 이 잔치에 마음이 없었는데 강권함을 들을 수 있는 자, 이 잔치를 향하여 삶의 방향을 둔 자들이 자격이 있다.

그런데 우리는 지긋지긋하게 말을 듣지 않는다. 강권해도 안 듣는다. 우리에게 주어진 것이 무엇인지 모르기 때문이다. 하나님이 그 크신 은혜와 기회를 베풀어주실 때 우리는 듣는 싸움을 해야 한다. 신앙은 방향을 돌이키는 것부터가 시작이다. "회개하라 천국이 가까이 왔다!" 이 소리를 듣고 180도 방향을 돌이키는 데서부터 시작한다. 천국이 아무리 가까이 왔어도 돌이키지 않는다면 천국을 붙잡을 수 없다. 돌이키려면 들을 귀가 있어야 한다. 예수님도 이렇게 말씀하신다.

"들을 귀 있는 자는 들으라!"

망하는 자들의 특징이 있다. 지겹게 말을 안 듣는다. 그것을 보고 미련하다고 하는 것이다. 미련한 자는 훈계와 교훈을 듣지 않는다. 그 미련함을 보고 "목이 곧은 백성이다", "강퍅하다"라는 표현을 쓰는 것이다. 천국을 향한 시작은 강권함을 듣는 것에서부터 시작한다.

망대 비유와 전쟁 비유 (눅 14:28-32)

예수님은 천국을 바라보고 사는 제자의 삶을 이야기하신다(눅 14:25-35). 이 말씀은 세 부분으로 나뉘는데(25-27절, 28-32절, 33-35절), 27절과 33절은 샌드위치 문법으로 같은 이야기를 하고 있다. 27절은 자기 십자가를 지지 않으면 "능히 내 제자가 되지 못하리라"라고 하고, 33절은 자기의 모든 소유를 버리지 않으면 "능히 내 제자가 되지 못하리라"라고 말한다. 그 사이에 있는 망대와 전쟁 비유(28-32절) 역시 별도의 이야기가 아니라 제자도에 관한 비유이다.

> 25 수많은 무리가 함께 갈새 예수께서 돌이키사 이르시되 26 무릇 내게 오는 자가 자기 부모와 처자와 형제와 자매와 더욱이 자기 목숨까지 미워하지 아니하면 능히 내 제자가 되지 못하고 27 누구든지 자기 십자가를 지고 나를 따르지 않는 자도 능히 내 제자가 되지 못하리라 눅 14:25-27

우리가 지금 예수님을 따르는 사람이라고 상상하고 25절을 읽어보라. 큰 잔치 비유가 끝나고 수많은 이들이 예수님을 따라가는데 예수님이 별안간 돌아서서 말씀하신다. 예수님을 따라가던 사람들이 예수님의 말씀에 아마 깜짝 놀랐을 것이다. 그만큼 중요한 말씀을 전하신다.

여기서 예수님이 강조하신 것은 '자기 부모와 처자와 형제와 자매', '자기 목숨', '자기 십자가'이다. 또 "능히 내 제자가 되지 못하고", "능히 내 제자가 되지 못하리라"를 강조하신다. '자기'와 '내 제자'를 대비하여 강조하신다. 제자도를 말씀하시는 것이다. 한마디로 자기 것을 귀하게 여기는 자는 예수님의 제자가 되지 못한다고 말씀하시는 것이다.

> 28 너희 중의 누가 망대를 세우고자 할진대 자기의 가진 것이 준공하기까지에 족할지 먼저 앉아 그 비용을 계산하지 아니하겠느냐 29 그렇게 아니하여 그 기초만 쌓고 능히 이루지 못하면 보는 자가 다 비웃어 30 이르되 이 사람이 공사를 시작하고 능히 이루지 못하였다 하리라 31 또 어떤 임금이 다른 임금과 싸우러 갈 때에 먼저 앉아 일만 명으로써 저 이만 명을 거느리고 오는 자를 대적할 수 있을까 헤아리지 아니하겠느냐 32 만일 못할 터이면 그가 아직 멀리 있을 때에 사신을 보내어 화친을 청할지니라 눅 14:28-32

망대 비유와 전쟁 비유는 사실 같은 이야기이다. 망대 비유는 망대를 건설하려면 그 비용을 계산하고 시작해야 한다는 것이다. 전쟁 비유 역시 마찬가지로 따져봐야 한다고 말한다. 전쟁을 하기 전에 아군의 군사력과 적군의 군사력을 비교해보아야 한다. 승산이 없다면 그 전쟁을 피하는 것이 답이다. 망대와 전쟁 비유도 제자도에 속한 이야기이다.

제자도 1 자기 부모와 가족을 미워하라

제자도의 첫 번째는 부모와 가족들을 미워하라는 것인데, 인간의 삶에서 가장 근본이 되고, 가장 가까운 관계를 미워하라고 말씀하신다. 가끔 부모를 버리고 처자를 버리고 형제를 버리라고 하신 예수님의 말씀이 이해되지 않는다는 질문을 받는다. 그런데 생각해보라. 이 말씀이 정말 버리라는 말씀인가? 진짜 하나님이 버리라고 하신 것인가?

큰아들이 군대에 있을 때 살인 진드기에 물렸다는 연락을 받았다. 치사율이 50퍼센트나 되고 약도 없는 살인 진드기에 물려 대학병원으로 후송되는 상황이었다. 그래서 부모가 와야 한다는 연락을 받았다. 나는 조용히 아내를 불러 곧장 KTX를 타고 내려가게 했다. 나는 교인들에게 말하지 않고 토요일 성경공부를 마치고 나서 기도를 부탁했다. 밤에라도 내려가야 하나 기도하며 고민하다가 내려가지 않기로 했다. 아이가 밤새 피똥을 싸고 온몸에 두드러기가 난다는 연락을 받았지만, 주일 설교를 하기로 마음먹었다. 그리고 울부짖어 기도했다.

"하나님, 제 아들이지만 하나님의 아들이라고 믿습니다. 하나님이 의사이심을 믿고 저는 먼저 그의 나라와 의에 최선을 다하겠습니다. 하나님이 도와주십시오!"

그 후 일주일이 내게 지옥이었지만, 감사하게도 아들은 살았다. 지금은 언제 그랬나 싶게 건강하게 지낸다. 어떤 분들은 아들이 생사를 헤매는데 내려가야 했지 않느냐고 하기도 하고, 어떤 목사님은 그런 상황에서 어떻게 설교 준비를 하느냐고 독하다며 혀를 내두르기도 했다. 그러면 나는 쉬웠을까? 나도 이를 악물어야 했다.

"하나님, 저는 고칠 능력이 없습니다. 방법도 없습니다. 주님밖에 없습니다. 내 손에 없습니다."

내가 부모이지만, 아이의 인생은 내 손 안에 없다. 제자도는 모든 주권이 하나님께 있음을 인정하는 것이다. 부모도, 형제도 주님이 주신 것이기에 내 것이 아니라 주님의 것이다. 그래서 부모를 사랑하지 않는 것이 아니라 하나님의 것을 우선하는 것, 그것이 제자도이다. "아버지나 어머니를 나보다 더 사랑하는 자는 내게 합당하지 아니하고"(마 10:37). 합당하지 않다는 것은 하나님께 가치가 없다는 뜻이다. 부모나 자녀를 하나님보다 사랑하는 사람은 하나님께 가치가 없는 자이다. 모든 것을 다 팔아서 하나님의 것을 선택하는 자가 하나님에게 가치 있는 자이다.

지금까지 우리는 세상의 것에 대한 준비를 해왔다. 대학에 들어가려고 공부했고, 취업을 준비하며 근신했다. 애인을 만

날 때는 그에게 맞추려고 양보하며 노력했다. 그런데 하나님 나라는 계산해보지도 않고, 준비하지도 않는다. 계산을 해봐야 한다. 망대를 건축할 때 현재 내 실력으로, 내가 가진 것으로 완공할 수 있는지 계산해보아야 한다. 전쟁을 하려면 승산이 있는지 따져봐야 한다. 부모나 가족을 내 힘과 능력으로 지킬 수 있는가? 돈으로 코로나19를 막을 수 있는가? 코로나19보다 더 치명적인 것이 온다면 어떻게 막겠는가? 계산해봐야 한다. 생각해봐야 한다. 완성할 수 없다면 더 준비해야 한다. 전쟁에 승산이 없다면 사절을 보내어 화친을 맺어야 한다. 천국에 가려면 천국에 갈 준비를 해야 한다. 제자의 길은 세상 것으로 준비하는 것이 아니다. 천국 가는 백성의 길은 세상 것으로 준비해서는 갈 수 없다.

제자도 2 자기 소유를 버리라

이와 같이 너희 중의 누구든지 자기의 모든 소유를 버리지 아니하면 능히 내 제자가 되지 못하리라 눅 14:33

두 번째 제자도는 자기 소유를 버리는 것이다. 소유는 사람들의 인생 목표이다. 세상 사람들의 목표는 다 돈이다. 자기 소유를 버리지 못해 구원에 이르지 못한 부자 청년을 기억하는가? 그는 젊은 관리로 권력을 가졌고, 영생에 대한 열심도 있었다. 어려서부터 말씀을 아는 겸손함과 재물도 있었지만, 예수님께서 "네 소유를 팔아 가난한 자들에게 주라 … 그리고 와서 나를 따르라"(마 19:21)라고 하셨을 때 이 말씀을 듣고도 재물이 많아 근심하며 떠나갔다.

이처럼 가족과 물질은 사람들에게 가장 중요한 양대 기둥이다. 우리도 이 두 가지만 있으면 하나님 앞에서 행복하다고 말한다. 가족이 화목하고, 재물이 많은 것, 이 두 가지를 축복의 척도로 여기는데, 두 가지를 버리는 것으로 제자도를 말씀하셨다는 것이 중요한 의미가 있다.

이 말을 들으면 부담스럽다. 왜 부담스러운가? '내 것'이라고 생각하니까 그렇다. 남이 맡긴 것을 내어주기를 아까워하는 사람은 없을 것이다. 하나님께 내 가족을, 내 소유를 맡겨야 한다. 맡긴다는 것은 내 권리, 내 소유를 내려놓는 것이다. 좁은 문이다. "부모를 미워해라! 물질을 버려라!" 그러면 나는 아무것도 없이 혼자서 살아야 하는 건가? 그런 이야기가 아니다. 우리가 놓지 못하니까 힘들다는 것이다.

부자 청년의 이야기도 똑같다. 그는 "내가 무엇을 하여야 영생을 얻으리이까"(눅 18:18)라고 질문했지만, "네게 있는 것을 다 팔아 가난한 자들에게 나눠주고 와서 나를 따르라!"라는 예수님의 답변대로 하지 못했다. 부자가 천국에 가기가 얼마나 어려운지 낙타가 바늘귀로 들어가기보다 어렵다고 한다. 자기 생명, 물질, 세상의 모든 것을 붙잡고 가는 것은 제자의 길이 아니다.

제자의 길을 갈 수 있는 사람은 천국에 가기 위해 준비하는 사람이다. 이 땅의 것으로는 하늘나라를 만들거나 성취할 수 없다. 더 나아가 그것은 하나님의 손에 달려 있다. 이 땅의 것이 아닌 하나님의 것을 바라보면서 가는 삶이 제자도이다. 이제 천국을 준비하는 삶을 살아야 한다! 이 땅에서 제자의 삶은 좁은 문이다. 천국은 우리가 이 땅에서 붙잡고 있는 가족이나 물질로는 준비할 수 없다.

34 소금이 좋은 것이나 소금도 만일 그 맛을 잃으면 무엇으로 짜게 하리요 35 땅에도, 거름에도 쓸데없어 내버리느니라 들을 귀가 있는 자는 들을지어다 하시니라 눅 14:34,35

천국을 준비하지 않는다는 것은 이 세상의 빛과 소금의 역할을 감당하지 못하는 것이다. 그리스도인인데 빛이 나지 않고 맛을 내지 못한다. 천국 백성이 이 땅에서 맛을 내는 방법은 제자도를 따라 살아가는 것이다. 물질과 가족을 하나님께 맡기고 천국을 바라보며 살아갈 때 예수의 맛을 내는 사람이 될 수 있다. 이것이 결론이다. 이렇게 해서 누가복음 14장은 또 하나의 이야기가 된다.

누가복음 15장의 비유

누가복음 15장에는 세 가지 비유가 나온다. 잃은 양 비유, 잃은 드라크마 비유, 잃은 아들 비유이다. 세 가지 비유에는 '잃었다'라는 공통점이 있다. 무엇을 잃었다는 것은 그것의 주인이 있다는 뜻이다. 쉽게 말해, 우리가 그냥 천국에 가는 것이 아니라 우리의 주인이 있다는 것이다. 그 주인이 잃어버린 것을 찾으러 올 것이다. 그래서 세 가지 잃은 비유를 통해 주인의 마음을 설명하신다. 이 세 가지 비유는 '양', '드라크마', '아들'에게 각각 목자와 주인과 아버지라는 주인이 있음을 전제한다. 그래야 이야기가 성립한다.

우리가 받은 구원은 취소되지 않는다. 왜일까? 우리가 '아들'이지 '종'이 아니기 때문이다. 우리는 전제가 '자녀'이다. 탕자가 불효자이기는 해도 종은 아니다. 자녀라는 것은 바뀔 수 없는 것이다. 하나님은 우리를 사랑하신다. 하나님은 우리의 죄를 해결하시기 위해 예수 그리스도를 이 땅에 보내셨다. 그뿐 아니라 예수님이 십자가에 달려 죽기까지 하셨다. 왜 하나님이 이렇게까지 사랑하시는지 모르겠는가? 우리가 하나님의 자녀이기 때문이다. 하나님의 형상인 우리를 회복하고 싶으신 아버지의 마음이다. 이것이 전제이다. 천국에 들어가는 자에게는 주인이 있고 부모가 있다.

잃은 양 비유와 잃은 드라크마 비유 (눅 15:4-10)

4 너희 중에 어떤 사람이 양 백 마리가 있는데 그중의 하나를 잃으면 아흔아홉 마리를 들에 두고 그 잃은 것을 찾아내기까지 찾아다니지 아니하겠느냐 5 또 찾아낸즉 즐거워 어깨에 메고 6 집에 와서 그 벗과 이웃을 불러 모으고 말하되 나와 함께 즐기자 나의 잃은 양을 찾아내었노라 하리라 7 내가 너희에게 이르노니 이와 같이 죄인 한 사람이 회개하면 하늘에서는 회개할 것 없는 의인 아흔아홉으로 말미암아 기뻐하는 것보다 더하리라 8 어떤 여자가 열 드라크마가 있는데 하나를 잃으면 등불을 켜고 집을 쓸며 찾아내기까지 부지런히 찾지 아니하겠느냐 9 또 찾아낸즉 벗과 이웃을 불러 모으고 말하되 나와 함께 즐기자 잃은 드라크마를 찾아내었노라

하리라 10 내가 너희에게 이르노니 이와 같이 죄인 한 사람이 회개 하면 하나님의 사자들 앞에 기쁨이 되느니라 눅 15:4-10

잃은 양 비유와 잃은 드라크마 비유를 통해 우리는 주인이 잃은 것에 대해 어떤 마음을 갖는지 알 수 있다. 잃은 양 비유를 이야기할 때 한 마리 잃은 양을 찾기 위해 나머지 아흔아홉 마리의 양은 어떻게 했는지 묻기도 한다. 그런데 이 비유는 그것을 말하려는 것이 아니다. 우리는 비유의 중심을 봐야 한다. 이 목자는 잃어버린 한 마리의 양을 찾아다닌다. 왜 이 양을 찾을까?

잃은 드라크마 비유에 나오는 드라크마는 화폐 단위로 로마의 데나리온과 같다. 한 데나리온은 노동자의 하루 일당이다. 이 비유에 나오는 열 드라크마는 한 세트로, 신랑이 신부에게 청혼하면서 주는 특별한 정표이다. 따라서 단순히 한 개의 드라크마를 잃어버린 것이 아니라 한 세트에서 한 개가 빠져버린 것이다. 그래서 잃은 것을 찾으려고 애쓰는 것이다. 등불을 켜고 온 집을 쓸며 열심히 찾는다.

그런데 이 비유들 속에 이해하기 어려운 부분이 나온다. 잃은 양을 찾았고 잃은 드라크마를 찾았다. 그러자 벗과 이웃을 불러 모으고 "나와 함께 즐기자!"라고 말한다. 그러나 이것은 배보다 배꼽이 더 큰 것이다. "내가 잃어버린 돈 1백만 원을 찾았어!" 하고 친구들을 불러서 밥을 먹이고 5백만 원을 지출했다면 찾는 것이 이득인가, 안 찾는 것이 이득인가?

둘로스선교회 초창기 때 내가 전도사로서 바이블캠프를 진행한 적이 있다. 그 당시 스태프까지 회비를 내고 참가했고, 나는 2박3일 강사비로 10만 원을 받았다. 그리고 서울로 올라오는 길에 다들 배가 고프다고 해서 식사비로 20만 원을 지출했다. 나는 차라리 다음부터 강사비를 주지 말라고 했다.

이렇듯 이 비유에서 손해가 더 큰데도 잔치를 베푼다는 것은 무슨 의미일까? 잃었다가 찾은 것이 돈으로 환산할 수 없는 가치가 있다는 것이다. 잃은 양 한 마리를 돈으로 따지면 찾지 않는 편이 낫다. 잃은 양을 찾는 데 양 10마리 값이 든다면 안 찾는 것이 이득이다. 그런데 수천만 원을 들여서라도 꼭 찾아야 한다면 그것은 단순히 양 한 마리, 한 드라크마가 아니라 수천만 원의 가치가 있는 것이다.

내가 가진 안경이 비싸지 않아도 부모님이 남긴 유품이라면 그것을 잃어버렸을 때 찾기 위해 수고하지 않겠는가? 그것은 물건의 가치가 아니라 마음의 가치이다. 잃은 양을 찾는 목자의 마음, 드라크마를 찾는 신부의 간절한 마음은 계산되지 않는 가치가 있기 때문에 잃은 것을 찾은 뒤에 크게 잔치를 베풀 수 있는 것이다.

혹시 여러분이 '진짜 예수님이 나 하나 때문에 십자가를 지셨을까?'라고 생각한다면, 그것은 스스로 자신을 비하하는 것이자 하나님의 마음을 몰라서 하는 질문이다. 하나님이 예수님을 이 땅에 보내셨다는 것은, 예수님을 십자가에 못 박는 한이 있어도 하나님께 '나'라는 존재가 엄청난 가치가 있다고 말씀하시는 것이다. 예수와 맞바꾼 가치이다. 10절에 죄인 하나가 회개하고 돌아오는 것은 하나님 앞에서 그 가치가 다르다. 여러분의 가치를 올려라. 그렇다고 교만해지지는 말라. 하나님의 마음을 알라. 내 자존감은 하나님께 있다.

잃은 아들 비유 (눅 15:11-32)

잃은 아들의 비유는 잃은 양과 잃은 드라크마 비유보다 더 깊은 의미가 있다.

11 또 이르시되 어떤 사람에게 두 아들이 있는데 12 그 둘째가 아버지에게 말하되 아버지여 재산 중에서 내게 돌아올 분깃을 내게 주소서 하는지라 아버지가 그 살림을 각각 나눠주었더니 13 그 후 며칠이 안 되어 둘째 아들이 재물을 다 모아가지고 먼 나라에 가

거기서 허랑방탕하여 그 재산을 낭비하더니 눅 15:11-13

둘째 아들은 기막히게 나쁜 놈이다. 아버지가 살아 있는데 유산을 요구하는 것은 그가 아버지의 죽음을 기다렸다는 것이다. 유대인은 아버지가 죽으면 첫째 아들이 재산의 3분의 2를 받고, 둘째 아들은 3분의 1을 받는다. 그러나 아버지가 살아 있을 때 재산을 요구하면 10분의 1을 받게 된다. 유산을 받은 아들은 아버지의 재산을 현금으로 바꿨다. 아버지 집에서 벗어나기 위해 재물을 다 모았다. 우리 식으로 말하면, 한국을 떠나 아주 먼 곳으로 가서 다시는 돌아오지 않을 작정으로 떠나버린 것이다. 그리고 정말 다 잃어버린 탕자가 되었다.

그런데 아버지는 이 못된 아들을 기다린다. 탕자는 세상에 나가 진탕 고생을 해보니 아버지가 종들을 어떻게 대했는지 생각났다. 아버지에게 차마 아들이라고 말 못해도, 종으로는 써줄 것 같은 아버지의 인격과 아량을 생각했다. 그러나 둘째 아들은 아버지를 그 정도밖에 모르는 자식이었다. 잘못한 아들을 품어주는 아버지라고 전혀 생각하지 못한다. 그래서 차라리 종이 되겠다고 아버지를 찾아온 것이다. 이것은 겸손이 아니라 아버지를 정말 모르는 것이다.

아버지를 몰라서 집을 떠났고, 아버지가 어떤 분인지 모르고 집으로 돌아왔다. 그런데 멀리서 돌아오는 아들을 보았을 때 아버지가 보인 행동은 다른 것이 아니다. 아버지는 아들을 아들로서 복귀시키는 것이 중요했다. 아버지는 당장 제일 좋은 옷을 입히고 반지를 끼우고 신을 신기며 아들을 받아준다. 이것이 아버지의 마음이다.

두 탕자의 이야기

그런데 아버지에게 맏아들이 있었다. 맏아들은 아버지가 돌아온 동생을 맞이하며 잔치를 벌이는 것을 보고 그 잔치에 참여하지 않는다. 맏아들은 노하여 계속해서 잔치에 들어가지 않는 모습이고, 아버지는 그런 아들에게 계속 권하는 모습이다.

> 그가 노하여 들어가고자 하지 아니하거늘 아버지가 나와서 권한대
> 눅 15:28

결국 이 비유는 두 탕자의 이야기이다. 살아 있는 아버지에게 유산을 요구하고 아버지를 떠나버린 막 나가는 탕자와 아버지 곁을 떠나지는 않았지만 돌아온 동생을 받아주는 아버지의 마음을 이해하지 못하고 분노하는 탕자이다. 맏아들 역시 나쁜 놈이다. 그런데 그 아들에게 아버지는 "애 너는 항상

나와 함께 있으니"(눅 15:31)라고 말한다. 헬라어 표현으로 애정을 담아 부른 것이다. 나 같으면 들어가자고 계속 타일러도 거부하면 몽둥이를 들었을 것 같다. 이렇게 다정하게 부르지 못했을 것이다.

우리 하나님은 참 대단하신 분이다. 우리가 자녀답거나 효자이거나 뭔가를 해서 받아주시는 것이 아니다. 내가 하나님 아버지의 자녀이기 때문에 받아들이시는 것이다. 아버지에게 진정한 가치는 '자녀'이다. 나도 아들이 죽을 뻔했을 때 하나님께 기도했다. 그럴 수만 있다면 아들 대신 나를 데려가시고 그 아이를 살려주시기를 기도했다. 이것이 부모의 마음이다.

그리스도인은 왜 이렇게 힘들게 살아야 할까? 그 이유는 하나님의 자녀이기 때문이다. '너 그렇게 살면 구원받을 수 없어!'라는 말을 들어보았을 것이다. 아니다. 우리는 자녀이기에 구원받는다. 우리가 한 행동에 따라 주시는 상급과 맡겨주신 기업이 다를 수 있지만, 자녀인 우리는 구원받는다. 우리는 잃어버린 천국 백성이기에, 하나님이 나를 찾으러 오셨기에, 우리가 하나님의 자녀이기에 구원을 받는다. 천국에서 참여하게 될 잔치를 생각하며, 지금 나의 행함으로 받을 상이 있는지를 계산하고 제자답게 살아야 한다.

맏아들은 아버지의 오랜 기다림과 회복의 가치를 모르고

돈의 가치로 따졌다. "내가 아버지 집에서 노예처럼 일했는데, 나를 위해 잔치를 베풀어준 적이 있습니까?"라고 묻는다. 아버지의 마음을 헤아리기보다 돈을 사랑하는 바리새인처럼 따진 것이다.

자녀를 향한 아버지의 마음

1 모든 세리와 죄인들이 말씀을 들으러 가까이 나아오니 2 바리새인과 서기관들이 수군거려 이르되 이 사람이 죄인을 영접하고 음식을 같이 먹는다 하더라 눅 15:1,2

모든 세리와 죄인들이 말씀을 들으러 나왔다. 만약 우리 교회에 동성애자들이 말씀을 들으러 잔뜩 왔다면 기뻐할 일인가, 슬퍼할 일인가? 말씀을 들으러 왔다는 것은 기뻐해야 할 일이 아닌가! 동성애는 죄이지만 죄인이 하나님 앞에 나오는 것은 기뻐할 일이다. 우리 모두 죄인이다. 우리는 모두 드러난 죄인과 숨겨진 죄인 중에 하나일 뿐이다. 우리는 다 죄인이다. 죄인임을 고백하는 죄인과 죄인임을 고백하지 않는 죄인이 있을 뿐이다. 어떤 죄를 지었느냐가 중요한 것이 아니라 하나님 앞에 자신의 죄를 고백하는 것이 중요하다. 그러니 세리와 죄인들이 주님 앞에 나왔다는 것은 기뻐할 일이 아니겠는가?

그런데 바리새인들은 정말 나쁜 놈들 아닌가? 그들은 세리와 죄인들에게 어떠한 은혜도 주지 않았고 새로운 삶도 주지 못했다. 아무것도 주지 못했다. 그런데도 그들이 예수님을 만나러 나온 것을 싫어 한다. 예수님께 나아와 말씀을 듣고 변화될 수 있는 기회를 굳이 막는다. 바리새인과 서기관들이 가진 논리가 바로 큰아들의 논리이다. 바리새인들은 자신들이 세리와 죄인들처럼 제멋대로 산 사람과 똑같은 대접받기를 싫어한 것이다. 어떻게 부모의 유산을 탕진하고 돌아온 탕자와 아버지 곁에서 열심히 일한 자신이 같을 수 있느냐고 말하는 첫째 아들의 논리가 똑같다.

이것은 부모의 마음을 놓친 것이다. 자식을 키우는 집에서 어떤 기준과 우선순위를 세울까? 그 첫 번째가 약한 자식이 기준이 된다는 것이다. 주님이 세리와 죄인들에게 가지는 마음이 바로 자녀를 향한 마음이다. 우리는 모두 죄인이다. 그런데 큰아들이 그것을 모른다. 천국은 어떤 곳인가? 아버지의 마음으로, 은혜로 들어가는 곳이다.

천국은 하나님의 마음 때문에 시작되었다

우리는 왜 천국을 준비해야 할까? 하나님께서는 우리를 어떤 가치와 마음으로 대하시는가? 우리는 잃어버린 양이고, 잃어버린 드라크마이고, 잃어버린 자녀이다. 하나님은 잃어버린 우리를 어떻게든 회복해서 우리가 하나님의 나라에 들어오도록 애쓰신다. 양을 잃은 목자처럼, 드라크마를 잃은 신부처럼, 아들을 잃은 아버지의 마음으로 우리를 찾고 찾으신다. 간절히 바라고 기다리신다. 이런 하나님의 은혜 때문에 천국은 시작되었다. 그렇게 해서 예수님의 십자가도 시작되었고, 우리가 은혜로 천국에 들어갈 기회가 허락되었다.

신앙의 길은 이 마음에서부터 시작되어야 한다. 돈의 가치와 삶의 가치를 넘어 예수님을 십자가에 못 박기까지 우리를 회복하기 원하시는 아버지의 마음, 천국에서 기다리시는 하나님의 마음을 먼저 알아야 한다. 사도 바울은 "우리가 지금은 거울로 보는 것같이 희미하나 그 때에는 얼굴과 얼굴을 대하여 볼 것이요"(고전 13:12)라고 고백했다. 우리가 이 마음을 먼저 알고 천국을 준비하는 삶을 살아야 한다.

예수님은 누가복음 14장의 천국 잔치 비유와 제자도, 망대와 전쟁 비유를 통해 이 땅에서 어떻게 살아야 하는지를 계산해보라고 하셨다. 그러나 그렇게 준비하더라도 우리의 힘으로는 천국에 갈 수 없다. 그리고 누가복음 15장의 세 가지 잃은 것 비유를 통해 우리가 천국에 들어갈 수 있는 것은 우리를 기다리시는 아버지의 마음 때문임을 알려주셨다. 그리고 하나님께서 우리를 세상적 가치가 아닌 더 귀한 마음의 가치로 대하신다는 것도 배웠다. 이제 우리가 어떻게 천국을 준비하며 살아야 할지, 천국 백성의 삶의 준비에 대해서 누가복음 16장에서 더 살펴보려고 한다.

비유는 내용을 연결해서 봐야 한다. 삽입된 이야기를 큰 흐름으로 연결해보면, 그 본문은 또 하나의 이야기가 된다. 예수님이 왜 여기서 이런 이야기를 하셨는지 생각하며 봐야 한다. 예수님께서 6개월 뒤면 이 땅을 떠나시는데 우리에게 어떤 이야기를 하시겠는가? 매우 중요한 이야기를 하나하나 풀어가시지 않겠는가. 예수님이 전하신 비유들을 하나하나 찾아가다보면 '아, 이래서 이때 그 이야기를 하셨구나! 이래서 반복되는구나! 이 이야기가 계속되고 있구나' 하고 그 흐름 속에서 더 깊은 의미를 깨닫게 될 것이다.

이 땅에서 천국 백성으로 살라

chapter 7

천국은 / 침노하는 자의 것

누가복음 16장의 비유

누가복음 16장에는 두 가지 부자 비유가 나온다. 하나는 부자가 재물을 맡긴 불의한 청지기에 대한 비유이고, 다른 하나는 우리가 잘 아는 부자와 거지 나사로의 비유이다. 둘 다 부자와 관련된 이야기이다. 두 부자(富者) 이야기 사이에 하나님의 복음 전파가 새롭게 열리는 새 시대가 되었음을 알리는 말씀이 나온다(눅 16:14-18).

누가복음 16장을 세 단락으로 나누어 그 흐름을 살펴보면, 불의한 청지기 비유(1-13절)의 주제는 "이렇게 준비하라"이고, 부자와 나사로 이야기(19-31절)의 주제는 "이렇게 믿으라"이다. 예수 그리스도를 통해 천국은 이미 열렸으나 아직 오지 않았다. '이미'와 '아직' 사이를 살아가는 우리는 새로운 시대를 준비하고 믿으며 살아야 한다. 어떻게 준비하고 믿어야 하는지 말씀을 통해 살펴보려고 한다. 그전에 예수님이 어떤 사람들을 향해 이 비유를 말씀하셨는지 알아보자.

누구에게 말씀하셨는가?

앞서 살펴본 누가복음 14장의 잔치 비유는 잔치 자리에 있던 바리새인들과 제자들에게 하신 말씀이다(눅 14:1). 잔치 비유 다음에 이어진 제자도 말씀은 예수님을 따르는 수많은 무리에게 하신 말씀이다(눅 14:25). 예수님을 따른다고 다 제자가 아니라 제자의 삶을 살아야 제자라는 제자도의 의미를 알려 주셨다.

누가복음 15장의 잃은 것에 대한 비유는 모든 세리와 죄인, 바리새인과 서기관들 그리고 제자들에게 하신 말씀이다(눅 15:1,2). 다시 말해, 모든 사람에게 말씀하신 것이다. 잃은 것을 찾으려는 아버지의 절절한 마음을 모든 이들에게 나누셨다.

그리고 누가복음 16장의 불의한 청지기 비유는 제자들에게 하신 말씀이다(눅 16:1). 물론 그 자리에는 바리새인들도 있어서 예수님의 이야기를 듣고 비웃는 장면이 나온다(눅 16:14).

그러나 예수님은 분명히 제자들에게 이 비유를 전하려고 하셨다. 예수님을 그저 따르는 무리가 아닌 제자들, 진짜 천국을 바라보는 자들에게 하신 말씀이다. 마지막 때에 무엇을 준비해야 하는지, 천국을 소망하는 자들이 어떤 준비를 해야 하는지 제자들에게 설명하신 것이다.

불의한 청지기 비유 (눅 16:1-13)

1 또한 제자들에게 이르시되 어떤 부자에게 청지기가 있는데 그가 주인의 소유를 낭비한다는 말이 그 주인에게 들린지라 2 주인이 그를 불러 이르되 내가 네게 대하여 들은 이 말이 어찌 됨이냐 네가 보던 일을 셈하라 청지기 직무를 계속하지 못하리라 하니 3 청지기가 속으로 이르되 주인이 내 직분을 빼앗으니 내가 무엇을 할까 땅을 파자니 힘이 없고 빌어먹자니 부끄럽구나 4 내가 할 일을 알았도다 이렇게 하면 직분을 빼앗긴 후에 사람들이 나를 자기 집으로 영접하리라 하고 눅 16:1-4

천국을 준비하라

청지기가 부자의 소유를 낭비하다가 들켜 주인에게 잘리게 생겼다. 청지기는 주인의 말을 듣자마자 '이제 내가 무엇을 할 수 있을까? 어떻게 준비할까?'라고 생각했다. 이 청지기는 자신에 대해 잘 아는 사람이다. 그는 주인에게 빚진 자들을 불러 그들의 증서를 고쳤다. 기름 백 말은 오십이라 쓰고, 밀 백 석은 팔십으로 고쳤다. 당시 기름 백 말은 환산하면 천 데나리온이다. 한 데나리온이 하루 노동자의 품삯이니 천 일, 그러니까 약 3년 치 연봉에 해당한다. 당시 기름에 대한 이자는 백 퍼센트였고, 그렇다면 기름 백 말을 빚진 자는 2천 데나리온을 갚아야 한다. 기름 백 말을 오십으로 고쳤으면 이자도 반으로 깎아준 것이 된다. 그렇다고 주인에게 손해를 입힌 것도 아니다. 밀 백 석은 2천5백 데나리온쯤 되니까 팔십으로 고쳤으니 5백 데나리온을 탕감해준 셈이다. 불의한 청지기는 주인에게 빚진 자들의 원금과 이자를 탕감해주며 청지기 자리에서 물러난 뒤 자신의 일을 도모하며 준비했다.

주인이 이 옳지 않은 청지기가 일을 지혜 있게 하였으므로 칭찬하였으니 이 세대의 아들들이 자기 시대에 있어서는 빛의 아들들보다 더 지혜로움이니라 눅 16:8

청지기의 행동에 대해 성경은 지혜롭다고 말한다. 하지만 이런 꾀를 낸 것을 옳다고 하는 것으로 보아서는 안 된다. 여기에 쓰인 '지혜롭다'는 "신중하다", "사려 깊다"라는 뜻이다. 이 청지기의 행동은 신중했고 사려 깊었다. 해고된 후의 삶에 대해 신중하고 사려 깊게 준비했기 때문이다. 성경이 칭찬하는 것은 그의 불의한 행동이 아니라 신중하고 사려 깊게 자신의 삶을 준비한 점이다.

불의의 재물에 충성하라

그리고 세상 사람들이 믿음의 사람들보다 더 지혜롭게 관리하며 살아간다는 것을 한탄하듯이 말씀하신다. 세상 사람들은 자기 관리, 먹고사는 일, 재테크 등에 뛰어나다. 그런데 믿음의 사람들은 어설프게 착해서 '주님이 해주실 거야'라며 어설프게 쓰고, 어설프게 저축하고, 이것도 저것도 아닌 채로 살아간다. 신앙은 좋은데 돈 관리가 흐지부지한 편이다.

그런데 하나님이 주신 것은 무조건 잘 관리해야 한다. 그다음에 하나님의 방법으로 쓰는지 아닌지를 따져야 한다. 따라서 이 비유의 결론은 "하나님의 아들들도, 믿음의 사람들도 천국에 갈 것을 준비하라!"에서 끝나지 않고, 한 걸음 더 나아간다. 이 불의한 청지기는 증서를 고쳐서 이자를 깎아주는 방법을 사용했다. 그렇다면 우리의 방법은 무엇인가?

내가 너희에게 말하노니 불의의 재물로 친구를 사귀라 그리하면 그 재물이 없어질 때에 그들이 너희를 영주할 처소로 영접하리라 눅 16:9

'불의의 재물'과 같은 단어를 사용하는 말씀을 통해 그 의미를 살펴보자.

네가 이 세대에서 부한 자들을 명하여 마음을 높이지 말고 정함이 없는 재물에 소망을 두지 말고… 딤전 6:17

이 구절에서 '불의의 재물'과 같은 단어는 '정함이 없는 재물'이다. 정함이 없다는 것은 불확실하다는 뜻이다. 재물은 우리에게 확실한 안정을 가져다주지 않는다. 돈이 있다고 건강과 생명을 유지할 수 있는 것이 아니다. 그래서 정함이 없는 재물, 불확실한 재물에 소망을 두지 말라고 하는 것이다. 누가복음 16장의 '불의의 재물'이란 이 땅에서 확실하지는 않지만, 이 땅에서 주어진 재물로 친구를 사귀라는 것이다.

10 지극히 작은 것에 충성된 자는 큰 것에도 충성되고 지극히 작은 것에 불의한 자는 큰 것에도 불의하니라 11 너희가 만일 불의한 재물에도 충성하지 아니하면 누가 참된 것으로 너희에게 맡기겠느

나 12 너희가 만일 남의 것에 충성하지 아니하면 누가 너희의 것을 너희에게 주겠느냐 눅 16:10-12

재물은 섬기면 안 된다

불의한 청지기는 자신이 더 이상 청지기 일을 하지 못한다는 것을 알고 그 이후를 준비했다. 그리스도인은 분명히 이후 죽음이 있고 천국에 갈 것을 안다. 그렇다면 천국에 갈 준비를 해야 한다. 성경은 불의한 재물로 친구를 사귀라고 한다. 디모데전서 6장으로 다시 가보자.

17 … 오직 우리에게 모든 것을 후히 주사 누리게 하시는 하나님께 두며 18 선을 행하고 선한 사업을 많이 하고 나누어주기를 좋아하며 너그러운 자가 되게 하라 19 이것이 장래에 자기를 위하여 좋은 터를 쌓아 참된 생명을 취하는 것이니라 딤전 6:17-19

(정함이 없는 재물에 소망을 두지 말고) 하나님께 소망을 두며, 선을 행하고, 선한 사업을 하고, 나누어주기를 좋아하는 행위가 장래에 자신을 위해 좋은 터를 쌓는 일이라고 한다. 이렇게 이야기하니까 내가 가진 모든 것을 팔아 나눠주어야 하느냐고 질문하는데 그런 말이 아니다. 우리는 재물에 끌

려가면 안 된다. 다음은 이 비유의 결론이다.

집 하인이 두 주인을 섬길 수 없나니 혹 이를 미워하고 저를 사랑
하거나 혹 이를 중히 여기고 저를 경히 여길 것임이니라 너희는 하
나님과 재물을 겸하여 섬길 수 없느니라 눅 16:13

'재물'은 '맘몬'이고, 부의 신을 맘몬이라고 부른다. 여기서
중요한 단어가 '섬김'이다. 재물은 섬기면 안 된다. 우리는 청
지기로서 재물을 관리해야 한다. 하나님께서 나에게 주신 것
을 관리하는 것이다. 재물을 잘 관리하는 것과 재물을 섬기고
좇는 것은 다른 이야기이다.

하나님이 우리에게 주신 재물이 있다. 부모는 자기 자녀가
부모가 주는 재물로 기쁘고 풍족하게 잘 살기를 원한다. 그
렇지만 자녀가 자기밖에 모르고, 남을 섬길 줄 모르고, 나눌
줄도 모른 채 안이하고 교만하게 살아간다면 슬퍼할 것이다.

나는 2,30대 청년 시절 정말 안 해본 아르바이트가 없을 정
도로 처절하게 살았다. 하나님께서 내 아들에게 은혜를 주셔
서 아들이 예전에 나처럼 살지는 않지만, 그렇다고 나태하게
살면 안 된다는 마음을 아들과 나눈 적이 있다. 우리는 하나
님께서 주신 복을 누릴 수 있어야 한다. 그러나 하나님께서

주신 복으로 자기만을 위해서 살아서는 안 된다. 우리가 열심히 살아서 누군가는 복을 받는 그런 인생이 되어야 한다.

우리에게 구름 같은 허다한 증인들이 있다고 한다(히 12:1). 우리가 천국에 가서 하나님 앞에 한 것이 없다고 부끄러워할 때 누군가 와서 "하나님! 이 사람이 저를 도와주고 위로해주어서 제가 힘을 얻었습니다!"라는 사람 한두 명만 있다면, 하나님께서 그 삶을 가치 없다 하지 않으실 것이다. 그런데 모든 사람이 "이 사람 때문에 시험에 들었어요", "저 혼자 잘 먹고 잘살던데요"라고 말한다면, 예수 믿고 축복받았다고 한들 그것이 진정한 축복이겠는가?

주님, 저 잘했죠!

내가 하나님께 잘하는 몇 가지가 있다. 나는 오래전 과천 문원동에 살았는데, 당시 지하철이 사당까지만 운행되던 시절이었다. 보통은 과천까지 버스를 타고 가서 40분쯤을 걸었다. 그런데 버스가 끊기고 너무 피곤하면 택시를 탈 수밖에 없다. 그때는 사당역에서 과천까지 꼭 일행이 아니더라도 네 사람을 채워 1인당 천 원씩 내고 택시를 탔다. 그 당시 택시의 기본요금이 천 원이었다.

어느 지치고 힘든 날 내가 택시 앞자리에 탔고, 뒷자리에 다른 한 사람, 친구로 보이는 두 사람이 탔다. 그런데 중간에 두 사람이 내리며 요금을 천 원만 냈다. 택시 기사가 천 원을 더 내라고 하자 내린 사람이 기본요금이 나왔는데 더 낼 수 없다고 실랑이를 벌였다. "기본요금 제대로 냈는데 왜 그러세요? 이게 정확한 거예요! 우리 정확한 사람이에요! 우리 교회 다녀요." 이렇게 말하고 가버렸다.

그때부터 기사님이 걸쭉하게 교회와 예수님 욕을 하기 시작했다. 가는 내내 욕을 하는데 '와 주님, 저 어떻게 해야 하죠?'라는 기도가 절로 나왔다. 꼭 내가 욕을 먹는 것만 같았다. 나는 그 당시 차비가 없어서 걸어다닐 때도 많고, 정말 피곤하지 않으면 택시를 타지 않았다. 그때 내게 천 원은 정말 귀한 돈이었다. 그렇지만 나는 차에서 내리며 기사님에게 택시비로 천 원을 더 드렸다.

"이거 왜 줘요?"

"아까 그 분들 것, 제가 드릴게요."

"아니, 청년이 왜 줘?"

"저도 교회에 다녀요. 기사님, 죄송합니다. 우리 예수님은 안 그러신데, 교회 다니는 저희가 참 부족합니다. 죄송합니다."

기사님도 택시비를 받으며 쑥스러워했다.

"아휴, 나도 너무 화를 냈지. 미안해"라고 하셨다. 나는 괜찮다고, 아저씨는 고맙다고 하셨다. 그런 다음 나는 하늘을 향해 "주님, 저 잘했죠!"라고 말했다.

나는 하늘에 상(賞)이 있다고 생각한다. 그 상은 갚을 수 없는 존재에게 베푸는 데 있다고 믿는다. 나는 중간중간 이런 것을 쌓아둔다. 왜냐하면 천국을 의식하기 때문이다. 그 차비는 나에게도 귀한 돈이었다. 그러나 돈이 없는 문제보다 예수님이 모독당하는 것이 나에게 더 큰 문제였다.

천국을 준비하는 물질관

천국을 의식하면 돈을 쓰는 방법과 물질관이 달라진다. 우리는 천국을 생각하며 재물을 써야 한다. 그런 우리를 증언할 허다한 증인들이 있다. 우리는 하나님과 재물을 겸하여 섬길 수 없다. 재물은 하나님을 섬기기 위해서 필요한 것이다. 재물은 돈만이 아니라 인간이 가진 모든 것을 의미한다. 우리의 달란트, 건강한 몸이 다 재물이다. 예수님 때문에 참고, 예수님 때문에 손해 보고, 하나님 때문에 살아가는 우리의 삶의 모습들, 이것들을 다 쌓아놓는 것이다. 그 모든 것이 실제 천국을 준비하는 삶이다.

우리는 하나님과 재물을 동시에 섬길 수 없다. 하나님을 섬긴다면 나도 아름답게 살아갈 뿐만 아니라 나를 통해 주신 것으로 내 주변에 은혜가 흘러가게 된다. 우리의 삶을 청지기로서 관리하는 것도 필요하다. 나 자신만을 위해 살아서는 안 된다. 또한 내 삶도 다스려야 한다. 너무 가난하면 내 삶을 돌보는 것이 먼저다.

카드도 함부로 쓰지 말라. 빚 갚다가 시간이 다 갈 것이다. 우리는 자족하는 법을 배워야 한다. 자족하는 사람은 삶이 부유해진다. 아내는 이제 예전처럼 그렇게 힘들게 살지 않아도 되는데 여전히 구제가게에서 옷을 사 입는다. 자족하는 법을 알아서 그렇다. 우리 가족은 남도 돕고, 여행도 가고, 삶을 관리한다. 작은 것에 감사하며 살아간다.

가난해서 흘려보내지 못한다고 상이 없을까? 작은 것을 가지고 기쁘게 살아가는 모습으로 누군가에게 본이 되고, 용기를 주는 것 역시 흘려보내는 것이다. 돈은 추구하는 것이 아니라 관리하는 것이다. 하나님을 따르고 그분이 주신 것을 관리하며 살아야 한다. 많이 주셨다면 하나님나라를 생각하고 필요한 곳에 나누며 살라.

하나님이 우리에게 맡기신 세상 것을 어떻게 사용하느냐에 따라 우리는 천국을 준비할 수도 있고, 아닐 수도 있다. 하나님은 하나님이 맡겨주신 것을 어떻게 사용하는지 보신다. 나

자신만을 위해 살았는지, 준비하며 살았는지 보고 계신다. 갚을 수 없는 사람에게 베풀라. 의인의 부활 때 하나님이 갚아 주실 것이다. 우리는 이 땅에서 받는 것이 아니라 하늘에서 받을 것을 준비해야 한다.

천국은 침노를 당하나니

부자와 나사로 비유를 살펴보기 전에 점검할 것이 있다.

> 율법과 선지자는 요한의 때까지요 그 후부터는 하나님나라의 복음이 전파되어 사람마다 그리로 침입하느니라 눅 16:16

새로운 시대가 열렸다. 예수님이 오심으로 새로운 시대가 시작되었다. 하나님나라의 복음이 전파되어 사람마다 그리로 침입하는 시대가 되었다. '침입하다'라는 것은 "자신을 그곳으로 밀어넣다"라는 의미이다. 모든 사람이 천국을 향해 자기자신을 밀어넣는 시대, 스스로 들어갈 수 있는 시대를 열어주신 것이다. 예수님은 이제 율법과 구약의 시대가 끝나고 복음이 열린 시대를 살아갈 거라고 선포하신다.

바리새인들은 그들이 선민(選民)이라 생각했다. 그들의 구원관과 세계관에서는 하나님께서 그들에게 복을 부어주셨고, 부자는 하나님의 축복을 받은 것이다. 물론 하나님이 유대인들을 선민으로 삼아 그들에게 복을 부어주신 것이 있다. 그러나 착각하지 말 것은 하나님이 주신 이 땅의 축복이 천국에 가서 받을 축복으로 이어지지는 않는다는 것이다. 하나님이 주신 것을 어떻게 사용하느냐에 따라 그것이 복이 될 수도 있고 저주가 될 수도 있다.

바리새인들은 자신들이 선민이기 때문에 구원과 축복이 보장되어 있다고 착각했지만 시대가 바뀌었다. 하나님과 재물을 겸하여 섬기지 못하며, 이제 모든 사람이 천국에 들어가려고 그리로 침입하는 시대이다.

달란트 비유를 보면 주인이 다섯 달란트, 두 달란트, 한 달란트를 각각 그들의 재능대로 나누어주었다. 그렇다면 누가 축복받은 사람인가? 다섯 달란트 받은 사람이다. 노래 잘하고, 그림 잘 그리고, 공부 잘하고, 시도 잘 쓰는데 잘 생기기까지 했다면 우리는 이런 사람을 가리켜 "재수없다!"라고 말한다. 주변에서 나를 위로하느라 "목사님은 떨지 않고 강의하시잖아요! 그게 얼마나 부러운지 아세요?"라고 한다. 맞다. 하지만 나는 머리숱이 많은 사람이 부럽다. 나도 머리카락이 풍성하고 키도 좀 컸으면 좋겠다.

일단 받은 것이 있다는 것은 좋은 것이다. 하나님이 주신 것이니 복을 받은 것이다. 문제는 받은 축복이 천국의 축복으로 이어지느냐 하는 것이다. "무릇 많이 받은 자에게는 많이 찾을 것인데, 너는 받은 것을 어떻게 썼느냐?"라고 하는 질문이다. 거지에게 "네 소유를 팔아 가난한 자들에게 주고 와서 너는 나를 따르라!"라고 했다면 그냥 따라갔을 것이다. 그런데 부자 청년은 부자라서 모든 것을 버리고 예수님을 따르지 못하고 돌아갔다. 많이 받은 것이 오히려 저주가 된 것이다. 많이 받는 것보다 하나님이 주신 것으로 무엇을 했느냐가 중요하다. 천국은 지금 침노하는 자의 것이다.

부자와 나사로 비유 (눅 16:19-31)

결국 천국에 들어가는 자가 복받은 자임을 말하기 위해 부자와 나사로의 비유가 이어지는데, 이야기를 더 선명히 드러내기 위해 극단적인 비유를 사용하셨다. 여기 부자 중의 부자가 등장한다.

한 부자가 있어 자색 옷과 고운 베옷을 입고 날마다 호화롭게 즐기더라 눅 16:19

이 부자는 당시 귀족이나 부호들, 제사장들이 입는 자색 옷을 입었다. 돈만 많은 것이 아니라 신분도 귀족이다. 고운 베옷을 입고 날마다 잔치를 벌인다. 이어서 나사로가 등장한다.

20 그런데 나사로라 이름하는 한 거지가 헌데투성이로 그의 대문 앞에 버려진 채 21 그 부자의 상에서 떨어지는 것으로 배불리려 하매 심지어 개들이 와서 그 헌데를 핥더라 눅 16:20,21

'나사로'라는 이름은 구약의 '엘리에셀'과 같은 단어이다. "하나님이 돕는 자"라는 뜻이다. 그런데 그는 거지에 헌데투성이였다. 헌데는 종기를 말한다. 거지인데 병까지 있어 부자의 대문 앞에 누워 있다. 부자가 날마다 잔치를 벌이니까 그 상에서 떨어지는 것이라도 먹으려고 한 것이다. 그런데 개들이 와서 그 헌데를 핥는다. 개들은 이방인의 상징이다. 구걸도 하지 못하고, 움직이지도 못하고, 병들었고, 개가 그의 종기를 핥을 정도로 처참한 거지이다. '부자 중의 부자'와 '거지 중의 거지'를 극명하게 대비시킨다.

그런데 나사로가 죽고 부자도 죽어 장사되었다. 이들은 죽어서 나사로는 아브라함의 품에, 부자는 음부에 들어갔다. 예수님의 모든 비유는 심판이 종착점이다. 성경은 이것을 반복적으로 이야기한다. "이 땅에서 잘 살 수 있다. 끝까지 행복하게 살 수 있다. 그러나 반드시 심판이 있다"라고 말씀하신다.

천국에 간 거지 나사로

이 비유에서 가장 놀라운 점은 부자가 천국에 들어가지 못한 것이 아니다. 유대인들도 죄를 지은 자는 천국에 들어가지 못한다고 생각한다. 교회에 다니는 사람도 천국에 들어가지 못할 수 있다는 것을 우리도 안다.

이런 이야기를 들어보았을 것이다. 평신도가 천국에 오자 예수님이 잘 왔다고 반기셨다. 그런데 목사가 천국에 오자 예수님이 더욱 반기시며 그를 안아주셨다. 먼저 온 평신도가 예수님에게 목사라고 차별하신다고 툴툴거리니까 예수님이 이렇게 말씀하셨다. "목사가 너무 오랜만에 와서 반가워서 그랬어." 목사라고 해서 다 천국에 가지는 못한다. 그러니 유대인의 사고로도 부자가 천국에 들어가지 못한 것은 이해가 된다.

그런데 거지가 천국에 갔다는 것은 엄청나게 충격적인 일이다. 목사님은 천국에 못 가도 이해가 되는데, 성도 중에 술 마시고 예배도 안 드리던 사람이 천국에 와 있다는 것은 놀라운 일이다. '저 사람은 아니잖아요!' 우리는 금세 이렇게 생각하게 된다.

그러나 천국에 들어가는 자의 자격 조건은 우리의 생각과 다르다. 구원은 우리가 이 땅에서 얼마나 받았느냐로 결정되지 않는다. 누가 진짜 하나님의 축복을 받았는지는 이 땅의 모습으로, 우리 눈으로는 쉽게 판단할 수 없다. 우리는 내 인생이 고단하고 힘들면 하나님이 나를 버리신 것으로 쉽게 착각한다. 아니다. 땅의 것이 기준이라면 그 말이 맞지만, 성경은 땅의 것을 기준으로 삼지 않는다. 구원이란 그렇게 정해지고 보여지는 것이 아니다.

나사로는 하나님이 돕는 자이다. 하나님이 나사로의 무엇을 도우셨는가? 내가 나사로처럼 살게 된다면 하나님께 감사하겠는가? 거지인데 구걸도 못 하고, 헌데투성이 몸으로 누워 있는데 개들이 와서 핥는 푸대접을 받는다. 그런데도 하나님이 나를 도우셨다고 고백할 수 있을까?

천국에 들어갈 수 있는 자격 조건

그런데 그런 삶을 살았던 나사로가 천국에 갔다는 것은 그가 하나님에 대한 믿음을 잃지 않았다는 것이다. 그 끔찍한 거지 생활과 조롱과 멸시에도 나사로는 타락하지 않았고, 이 땅에서 고단한 삶의 어려움을 견뎌내 끝내 아브라함의 품에 안기는 백성이 되었다. 나사로가 한 것이 없다고 생각할 수 있다.

그러나 나사로는 그 끔찍한 삶을 하나님의 위로만 바라고 살았다. 하나님의 도우심만을 바라보고 살아갔다. 그런 사람이 천국에 들어가는 것이다. 하나님이 도우시는 것이다. 세상이 도운 것이 아니라 그의 인생길을 하나님이 이끄시고 결국 천국까지 이끌어 가셨다.

부자가 불쌍하지 않은가? 이 땅에서는 하나님이 복 주시는 인생을 살았다고 자부했는데, 그는 지금 지옥에 가 있다. 이것이 부자와 나사로 비유이다. 당시 바리새인들이 생각하던 천국에 들어갈 수 있는 자격으로 부자, 선민, 하나님이 주신 것, 이 땅의 것, 그 어떤 것도 조건이 되지 않았다. 돈은 자격 조건이 아니다. 그보다 더 중요한 것은 우리가 절대 아니라고 생각한 그 사람이 하나님의 나라에 들어갈 수 있다는 사실이다.

그러니 알아야 한다. 이 땅에서 나사로처럼 산다면 그것이 힘든 것은 맞지만, 하나님이 버리신 것은 아니다. 우리는 하나님이 돕는 자라는 것을 기억해야 한다. 고난이 축복인 이유는 그 어려움을 잘 겪으면 하나님의 도우심을 깊이 배울 수 있기 때문이다. 나사로의 삶은 끔찍하고 천국에 들어갈 만한 조건이 없어 보였지만, 그는 하나님의 도우심으로 천국에 갔다. 이 비유는 나사로만큼 끔찍한 삶을 산 자가 구원받을 수 있다면, 개가 핥을 정도로 비참한 자가 하나님의 품에 안길 수 있다면, 세상 그 누구라도 구원받을 조건이 된다는 것이다.

천국에 들어가지 못한 부자의 세상 마인드

그런데 부자가 음부의 고통 중에 있으면서 아브라함에게 이렇게 부탁한다(눅 16:23-26). 나사로를 보내서 그 손가락 끝에 물을 찍어 자신의 혀를 시원하게 해달라고 말이다. 부자는 자기가 지금 어디에 있는지도 모르고, 아직도 자신이 나사로를 부릴 수 있는 위치에 있다고 착각한다. 그가 얼마나 자기중심적으로 살아왔는지 알 수 있다. 이것이 음부에 들어간 사람의 마인드이다. 이에 아브라함은 천국과 음부는 서로 건널 수 없다고 말한다.

그러자 부자가 두 번째로 부탁한다. 부자는 자신의 형제를 구원하기를 원한다(눅 16:27-31). 그러나 아브라함은 그들이 모세와 선지자들에게 들을 수 있다고 말한다. 구약성경을 말하는 것이다. 이를테면 목사님의 말씀과 성경을 통해 들으라고 한 것이다. 그런데 부자는 단호히 죽은 나사로를 보내면 형제들이 회개할 거라고 말한다. 여기서 아브라함은 다시 한번 하나님의 음성을 대변한다. 그러나 부자는 하나님의 방법을 인정하지 않는다.

이렇듯 부자는 기적을 바라고 세상에 보이는 것을 따르는 사람이다. 부자는 성경에 기반을 두지 않는다. 이것이 부자가 가지고 있는 논리이고 마인드이다. 부자는 하나님의 말씀보다 죽은 자가 나타나는 기적이 있어야 그들이 받아들일 것이라고 말한다.

하나님이 우리 인생에서 기적을 베푸시는 것은 인간의 지혜와 방법을 넘어서서 일하시는 분이 있다는 것을 알려주시기 위해서다. 그래서 기적은 필요하다. 하나님께서 나에게 기적을 맛보게 하신다면 그것은 내가 실력이 없기 때문이다. 하나님은 내 머리를 뛰어넘어 일하시고 끌어가시는 분이라는 것을 경험했기 때문에 이 길을 갈 때 하나님을 더 바라보게 된다.

그런데 기적을 체험한 자가 계속 기적만 바란다면 그것은 하나님을 추구하는 것이 아니다. 기적을 맛보았다는 것은 하나님의 일하심을 본 것이다. 그렇다면 그는 하나님을 따라야 한다. 하나님을 따른다는 것은 기적의 주체가 하나님이심을 믿는 것이다.

그런데 하나님이 아니라 현상을 좇는다면 그것은 하나님이 아니라 내가 세상에서 갖고 싶은 것을 좇는 것이다. 부자가 말하는 논리는 지금까지 자신이 무엇을 바라보며 살아왔는지를 고백한 것이다. 부자는 하나님의 말씀을 추구하지 않았다. 부자는 기적으로만 가능하다고 믿었기에 구약성경으로는 안 된다고 단호하게 말한 것이다. 이에 아브라함도 성경으로 안 된다면 기적으로도 안 된다고 단호하게 말한다. 이렇듯 부자는 하나님의 말씀을 믿지 않았다.

부자는 이 땅에서 엄청난 기적을 맛보았다. 높은 신분, 날마다 호화롭게 살아도 떨어지지 않는 많은 재산, 그것을 가능케 하신 하나님의 은혜. 이것을 다 맛보았지만, 그는 하나님을 위해 살지 않았다.

그러면 나사로의 입장을 살펴보자. 그는 거지로 모욕당하며 살았지만, 자신의 이름처럼 하나님의 도우심을 기대하며 오늘 자신의 삶을 끔찍하다고 평가하지 않았다. 비록 자신은 고통스러운 삶을 살다가 죽을지언정 하나님의 약속의 말씀을 믿었다. 하나님 앞에 설 수 있는 기준은 이 세상에서 얼마나 어려운 삶을 살았느냐가 아니라 하나님의 말씀을 진짜 믿느냐 하는 것이다. 현상을 좇아서는 안 된다. 우리는 하나님과 재물을 겸하여 섬길 수 없다. 재물은 세상의 것을 대표하고, 세상은 돈에 따라 움직인다. 이것이 부자의 논리이다.

천국은 재물로 들어갈 수 없다. 세상 조건과 능력으로 들어갈 수 없다. 천국에 자신을 밀어넣는 자, 천국을 향해 달려가는 자가 천국에 들어갈 수 있는 새로운 시대가 열렸다. 그래서 누가복음 16장은 땅에서 주신 재물로 친구를 사귀어 준비

하라고 한다. 이해할 수 없는 상황이 오더라도 하나님의 약속
의 말씀을 믿으며 살라고 결론 내린다.

chapter 8

천국을 바라보고 기도하라

누가복음 17장의 비유

누가복음 17장의 구조는 믿음과 용서(1-4절), 무익한 종 비유 (5-10절), 나병환자 열 명을 고치심(11-19절), 종말에 관한 이야기(20-37절)이다. 종말에 관한 이야기는 하나님나라가 너희 안에 임했다는 선포(20,21절), 인자의 날(22-37절), 주님이 다시 오시는 종말의 때 설명으로 나뉜다. 17장에서 비유는 무익한 종 비유 하나이다. 그러나 17장 전체의 흐름을 알아야 18장에 나오는 비유를 이해할 수 있다.

1 예수께서 제자들에게 이르시되 실족하게 하는 것이 없을 수는 없으나 그렇게 하게 하는 자에게는 화로다 2 그가 이 작은 자 중

의 하나를 실족하게 할진대 차라리 연자맷돌이 그 목에 매여 바다에 던져지는 것이 나으리라 3 너희는 스스로 조심하라 만일 네 형제가 죄를 범하거든 경고하고 회개하거든 용서하라 4 만일 하루에 일곱 번이라도 네게 죄를 짓고 일곱 번 네게 돌아와 내가 회개하노라 하거든 너는 용서하라 하시더라 눅 17:1-4

너는 용서하라

갑자기 용서에 대한 말씀이 등장한다. 일곱 번이라도 용서하라는 것은 계속해서 용서하라는 뜻이다. 신앙생활을 하면서 누구를 실족시키지 말고, 누군가 잘못했으면 용서하는 삶을 살라는 것이다. 누가 그렇게까지 할 수 있겠는가? 용서는 정말 어려운 일이다. 용서는 내가 용서한다고 해결되지 않는다. 내가 용서하더라도 상대방이 용서했는지 모르고 오히려 나를 핍박하기도 한다.

나는 SNS를 하지 않는다. 어떤 사람이 나에 대해 비방해도 나는 대꾸하지 않는다. 그러면 상대가 멈출까? 계속 비방한다. 그러면 어떻게 해야 하는가? 무조건 잘못했다고 해야 하는가? 아니면 싸워야 하는가? 정말 어려운 문제이다. 제자들도 예수님의 말씀이 힘들었다.

나의 두 아들이 신학을 하고 목사가 되겠다고 했을 때 마음이 무거웠다. 목사의 삶이라는 것이 있다. 목사는 사람들과 부딪히면 져야 한다. 이겨도 목사는 그러면 안 된다는 소리를 듣는다. 목사가 다른 사람들과 똑같이 행동하면 안 된다고 한다. 그래서 제자들도 이 말을 하는 것이다.

사도들이 주께 여짜오되 우리에게 믿음을 더하소서 하니 눅 17:5

"남국아, 네가 참아라!" 그럴 때 나 역시 기도가 절로 나온다. "믿음을 더하소서!" 제자들의 마음이 이해가 된다. 용서는 믿음의 문제이다. 그래서 나오는 것이 무익한 종 비유이다.

무익한 종 비유 (눅 17:5-10)

5 사도들이 주께 여짜오되 우리에게 믿음을 더하소서 하니 6 주께서 이르시되 너희에게 겨자씨 한 알만한 믿음이 있었더라면 이 뽕나무더러 뿌리가 뽑혀 바다에 심기어라 하였을 것이요 그것이 너희에게 순종하였으리라 7 너희 중 누구에게 밭을 갈거나 양을 치거나 하는 종이 있어 밭에서 돌아오면 그더러 곧 와 앉아서 먹으라 말할

자가 있느냐 8 도리어 그더러 내 먹을 것을 준비하고 띠를 띠고 내
가 먹고 마시는 동안에 수종들고 너는 그 후에 먹고 마시라 하지
않겠느냐 9 명한 대로 하였다고 종에게 감사하겠느냐 10 이와 같
이 너희도 명령받은 것을 다 행한 후에 이르기를 우리는 무익한 종
이라 우리가 하여야 할 일을 한 것뿐이라 할지니라 눅 17:5-10

'무익한 종'이란 "쓸모없는, 가치 없는 종"이라는 뜻이다. 이
비유는 종의 태도를 말한다. 천국을 바라보며 살아가는 자는
하나님이 맡겨주신 것에 대해 어떤 태도를 보여야 하는가? 종
이 열심히 일하고 왔다고 해서 주인이 수고했으니 쉬라고 하
지 않는다. 오히려 주인의 식사 시중을 들고 나서 먹으라고
한다. 종은 그대로 행한다. 시킨 대로 했다고 종에게 감사하
지 않는다. 주인의 명대로 하는 것이 종이 할 일이다. 주인 앞
에 쓸모없는 종, 가치 없는 종, 무익한 종일 뿐이다. 이것이 무
슨 말인가? 하나님이 나에게 맡겨주신 일에 대해 사례를 기대
하는가? 우리는 맡겨주신 일이나 잘 감당하면 된다. 우리가
왜 억울해하는가? 내가 마땅히 받을 것이 있다고 생각하기 때
문이다.

우리가 실족하고 원망하고 용서하지 않고 불평하는 가장
큰 이유는 내가 한 만큼 상대의 보답이 없기 때문이다. 그러

나 우리는 하나님이 맡겨주신 일을 했을 뿐이다. 쉽게 말해서 할 일을 한 것뿐이다. 하나님의 사랑으로 했으면 그냥 베풀고 끝나는 것이다. 그런데 서로 자주 만나고 부딪치는 사람이라면 이야기가 달라진다. '내가 이렇게 했는데…'라는 생각이 들어오기 시작한다. '내가' 드러나지 않아서 불만이 나온다. 주님이 주라고 해서 주었는데 마음이 틀어지면 자꾸 '내가 한 것'을 내세우려고 한다.

목사가 말씀을 가르치는 것은 당연하다. 하나님이 그래서 나를 부르셨다. 따라서 나는 전달하고 끝내면 그만이다. 열매에 관여할 수 없다. 하나님이 시키신 것에 충성하고 끝내는 것이다. 아이를 키우면 힘든 게 당연하다. 남편이 안 도와준다고 불평하면 안 된다. 가정일은 남자와 여자의 일로 나누는 것이 아니라 자기 일이다.

우리는 각자 하나님이 맡겨주신 것을 감당하는 싸움을 해야 한다. 잘 감당하면 천국에서 갚아주실 텐데, 우리가 이 땅에서 받으려고 하니까 불평불만이 생기는 것이다. 주님이 주실 것을 믿으며 넘겨라. 그것이 천국을 준비하는 자의 중요한 자세이다.

SNS 글을 볼 때도 분별해야 한다. 사회를 바라보는 시각으로 멋지게 포장되어 있더라도 불평불만이 너무 많은 글은 조심해야 한다. 거기에 내 뜻대로 되지 않았다는 분노가 숨겨져 있을 때가 많다. 나는 설교할 때 욕을 섞어 말하다가 지금은 많이 줄였다. 누가 댓글로 "어떻게 목사님이 설교할 때 욕할 수 있습니까?"라고 따지기에 그러면 듣지 말고 욕을 안 하는 다른 목사님의 설교를 들으라고 했다.

그런데 해외에서 내 설교를 듣는 한 성도가 이런 글을 올렸다.

"목사님, 저는 목사님의 설교를 좋아합니다. 외국에서 가족들과 함께 들으면서 예배드립니다. 그런데 가끔 욕을 하시면 저는 이해할 수 있지만, 아이들에게 어떻게 설명해야 할지 모르겠습니다. 욕을 하지 않으셔도 말씀이 충분히 이해되는데, 아이들과 더 많은 사람들이 듣도록 자제해주시면 안 될까요?"

나는 맞는 말이라고 이 말에 동의했고 그때부터 설교할 때 욕을 많이 줄였다. 글 한 줄만 봐도 안다. 옳다, 그르다 하는 것이 진짜 옳고 그름의 문제인가? 그 이면에 불만이 흐르지는 않는가?

나사로가 어떻게 살아왔는지 보라. 그는 하나님의 도우심을 바라보며 그의 자리에서 살아갔다. 무익한 종이기에 주신 것을 감당하며 살아갔다. 천국을 바라보며 살아간 종의 태도이다. 물론 쉽지 않다. 그래서 "믿음을 더하소서!"라고 절로 기도하게 되는 것이다. 그러나 우리가 하나님을 향한 겨자씨 한 알만한 믿음만 있으면, 하나님 앞에 설 수 있다고 말씀해 주신다.

11절부터 나병환자 열 명의 이야기가 나온다. 나병환자 열 명이 예수를 만나 나병이 치유되는 기적을 체험했는데, 아홉 명의 유대인은 예수님에게 나오지 않고, 한 명의 이방인만 예수님에게 돌아와 하나님께 영광을 돌렸다. 구원이 유대인에게 있는 것이 아니라 거지 나사로와 같이, 또 동서남북 사방으로부터 오는 자처럼 이방인 한 사람만 구원받았다는 것이다. 이방인의 구원이 시작되었으며 천국이 열렸다고 선포한 것이다.

어느 때에 임하나이까

누가복음 18장에는 기도에 대한 두 가지 비유가 나온다. 그 기도는 '종말'을 전제로 한다. 단순한 기도가 아니라 예수님이 오실 때, 종말을 맞이할 때 어떻게 기도하고, 어떻게 살아야 하는지를 알려준다.

20 바리새인들이 하나님의 나라가 어느 때에 임하나이까 묻거늘 예수께서 대답하여 이르시되 하나님의 나라는 볼 수 있게 임하는

것이 아니요 21 또 여기 있다 저기 있다고도 못하리니 하나님의 나라는 너희 안에 있느니라 눅 17:20,21

바리새인들이 예수님께 하나님의 나라에 대해 질문했다. 그질문에 예수님은 "하나님의 나라는 인간의 눈으로는 볼 수 없고, 너희 안에 있다"라고 말씀하셨다. 이것을 잘못 이해하면 바리새인 안에 천국이 있다는 것으로 해석할 수 있다. 그러나 바리새인 안에는 천국이 없다. 그렇다면 '너희 안에'는 어디인가? "너희 가운데"라는 뜻이다. 천국은 '너희 가운데', '너희 사이에' 있다는 것이다. 바리새인들 가운데 말씀하시는 예수님이 계신다. 천국이 임한 것이다. 예수님이 오심으로써 하나님의 나라가 시작되었다. 그리고 이번에는 제자들에게 말씀하신다.

22 또 제자들에게 이르시되 때가 이르리니 너희가 인자의 날 하루를 보고자 하되 보지 못하리라 23 사람이 너희에게 말하되 보라 저기 있다 보라 여기 있다 하리라 그러나 너희는 가지도 말고 따르지도 말라 24 번개가 하늘 아래 이쪽에서 번쩍이어 하늘 아래 저쪽까지 비침같이 인자도 자기 날에 그러하리라 25 그러나 그가 먼저 많은 고난을 받으며 이 세대에게 버린 바 되어야 할지니라 26

노아의 때에 된 것과 같이 인자의 때에도 그러하리라 눅 17:22-26

'인자의 날 하루'는 수많은 인자의 날 중 특정한 하루를 가리킨다. 이날은 예수님이 오시는 날, 재림의 날이다. 마지막으로 우리가 보게 될 종말의 날, 메시아의 날이다. 천국이 예수님을 통해 우리 가운데 왔고, 마지막으로 주님이 임하실 때 징조에 대한 이야기가 쭉 나온다.

내가 성도들에게 종말에 관한 설교만 계속한다면 많이 힘들 것이다. 종말에 핍박받고 고문당할 것을 말하고, 실제 기독교 역사상 얼마나 힘들었는지 사진과 그림을 보여준다면 우리는 달달 떨 것이다. 마지막 때를 저렇게 통과해야 하느냐며 겁낼 것이다. 그렇게 끔찍한 세상이 온다는 것을 두려워하는 것이다. 누구도 장담할 수 없다.

순교 또한 쉽지 않다. 순교는 하나님의 도움과 은혜와 역사가 없이는 불가능하다. 스데반이 돌에 맞아 순교당할 때 스데반은 하나님 우편에 서신 예수님을 보았기에 버틸 수 있었다. 자신의 인내와 삶으로는 순교할 수 없다. 마귀의 공격이 얼마나 무서울까? 특히 마지막 때의 공격으로 크게 낙심할 수밖에 없다. 그래서 우리가 마지막 때에 어떻게 견디고, 무엇을 붙잡고, 신앙을 지켜야 하는지 설명하는 것이다.

말씀과 기도, 기도와 말씀

마지막 때 신앙을 단단히 붙잡고 견딜 방법으로 두 가지 기도를 이야기한다. 우리가 기도 훈련이 되어 있지 않으면 마지막은 견디지 못한다. 기도는 굉장히 중요하다.

나는 청년 때 금요일마다 기도원에 가서 밤 11시부터 오전 6시까지 하는 철야기도를 10년 동안 빠지지 않고 했다. 금식기도도 많이 했다. 기도하면서 영적인 체험을 많이 했다. 말씀과 기도는 같이 가야 한다. 영적으로 깊은 세계는 기도가 깊어지지 않으면 볼 수 없다. 기도는 하나님과 만나는 것이기 때문이다.

기도가 깊어진다는 것은 하나님과 깊어진다는 것이고, 하나님과 깊어진다는 것은 영적인 하나님을 더 깊게 만나는 것이다. 이것은 피상적인 기도가 아니다. 그런데 말씀이 없으면 우리의 기도가 피상적인 기도가 된다. 말씀이 없는 기도는 시간만 보내게 된다. 말씀과 함께 기도해야 하나님의 깊은 영적 세계로 들어갈 수 있다. 하나님의 깊은 곳으로 들어가지 못하는 것은 말씀 없이 기도하기 때문이다.

나는 매일 미친 듯이 성경을 봤고, 미친 듯이 기도했다. 그래서 하나님과 깊은 관계를 쌓았다. 기도가 쌓이면 깊이를 만들어낸다. 마지막 때를 견딜 수 있는 것은 우리 기도의 깊이이다.

누가복음 18장의 비유

누가복음 18장의 비유는 마지막 때를 살아가는 제자들에게 해주고 싶은 예수님의 이야기이다. 불의한 재판장과 억울한 과부 비유(1-8절), 바리새인과 세리 비유(9-14절). 불의한 재판장과 억울한 과부 비유는 "항상 기도하고 낙심하지 말아야 할 것을 비유로"(1절) 말씀하신다고 해서 처음부터 기도에 관한 비유임을 명시한다. 지금까지 나온 비유는 대부분 반복 형식이었다. 잔치-잔치 비유, 잃어버린 것-잃어버린 것-잃어버린 것 비유, 부자-부자 비유. 반복은 강조이다. 그러니까 누가복음 18장은 기도-기도 비유인 셈이다.

불의한 재판장과 과부 비유 (눅 18:1-8)

1 예수께서 그들에게 항상 기도하고 낙심하지 말아야 할 것을 비유로 말씀하여 2 이르시되 어떤 도시에 하나님을 두려워하지 않고 사람을 무시하는 한 재판장이 있는데 3 그 도시에 한 과부가 있어 자주 그에게 가서 내 원수에 대한 나의 원한을 풀어주소서 하되 4 그가 얼마 동안 듣지 아니하다가 후에 속으로 생각하되 내가 하나님을 두려워하지 않고 사람을 무시하나 5 이 과부가 나를 번거

롭게 하니 내가 그 원한을 풀어주리라 그렇지 않으면 늘 와서 나를 괴롭게 하리라 하였느니라 6 주께서 또 이르시되 불의한 재판장이 말한 것을 들으라 7 하물며 하나님께서 그 밤낮 부르짖는 택하신 자들의 원한을 풀어 주지 아니하시겠느냐 그들에게 오래 참으시겠느냐 8 내가 너희에게 이르노니 속히 그 원한을 풀어주시리라 그러나 인자가 올 때에 세상에서 믿음을 보겠느냐 하시니라 눅 18:1-8

어떤 도시에 하나님을 두려워하지 않고 사람을 무시하는 재판장에게 억울한 과부가 찾아온다. 찾아가도 항상 무시하다가 어느 날 그 재판장이 번거롭다고 과부의 이야기를 들어준다. 이 비유의 결론은 8절 말씀이다. 그래서 믿음과 기도가 함께 간다는 공식이 성립된다.

억울한 과부는 왜 낙망하지 않고 불의한 재판장을 계속 찾아갔을까? 이 재판장은 과부의 사정을 들어줄 만한 사람이 아니다. 그는 악한 재판장으로 권력이 있고, 신을 두려워하지 않는 현실적인 사람이었다. 게다가 사람을 무시한다. 그런데도 이런 사람을 계속 찾아간다는 것은 매일 무시당하러 가는 것이다. 도대체 이 과부가 왜 그렇게까지 찾아갔는지 이유를 찾아야 한다.

이 말을 오해하면 안 된다. 재판장의 말을 오해해서 끈질기게 조르면 얻을 수 있다고 생각해서는 안 된다. 이 사람의 직업이 재판장이라는 사실을 놓치지 말아야 한다. 재판은 끈질겨서 이기는 것이 아니라 정당해야 이긴다. 따라서 끈질기게 하고 번거롭게 하는 것은 기독교의 마인드가 아니다. 우리는 하나님을 번거롭게 해서 응답받는 것이 아니다. 기독교 용어를 잘 생각하고 사용해야 한다. 끈질긴 것과 꾸준한 것은 다른 말이고, 성실한 것과 악착같은 것도 다른 말이다.

과부는 자신의 정당한 이야기를 가지고 꾸준히 재판장을 찾아갔다. 과부는 정당한 삶을 살았으나 억울한 일을 당했다. 악한 재판장도 그 사실을 알기 때문에 거절하지 못한다. 그런데 이 과부가 끊임없이 찾아오자 갖은 핑계를 대며 피하다가 빨리 끝내는 것이 낫겠다고 여겨서 과부의 이야기를 들어준 것이다. 이 비유는 결론으로 불의한 재판장도 정당한 것을 들어주는데, 하늘에 계신 우리 하나님께서 당연히 들어주시지 않겠느냐고 말한다. 그리고 인자가 올 때 세상에서 믿음을 볼 수 있겠느냐고 질문을 던지신다.

불의한 시대에 계속 기도할 수 있다는 것

마지막 시대는 불의한 일을 당하는 시대이다. 신을 두려워하지 않고, 사람을 무시하는 불의한 재판장이 지배하는 시대이다. 이런 세상에서 기도할 수 있겠는가? 세상은 불법을 행하고 불의한 자가 힘으로 판을 뒤흔든다. 억울한 내 문제가 해결되지 않는 시대에 신앙을 지켜갈 수 있겠는가?

나는 현재 상황에 대해 말하기보다 성경이 말하는 원리를 말하고 싶다. 이 세상 어떤 정부에 정의가 흐르고, 세상에 대한 사랑이 흐를까? 정권을 가진 사람들은 정권 유지가 그 목적이다. 어느 당이 정권을 잡는다고 이 세상이 나아질까? 또한 이 세상에 정의를 추구하는 자가 얼마나 될까? 마지막 때는 불의한 재판장이 가득한 세상이 될 것이다. 낙담할 만한 시대가 될 것이고, 낙심해서 하나님 앞에 기도하지 못하는 일들이 수없이 벌어질 것이다. 요즘 낙심했다면 '내가 예수 믿는 것이 맞구나'라고 생각하라. 사탄이 건드리지 않는 신앙이 진짜 신앙일까? 사탄이 손뼉 쳐주는 신앙은 이상하지 않은가? 우리가 영적으로 성장하려고 할 때 사탄은 공격한다. 경건하게 살고자 하는 자에게 박해가 있다. 이 땅에서 경건하게 산다는 것 자체가 어려운 시대이다.

내가 얼마나 자주 낙심하는지 모를 것이다. 내가 왜 설교하면서 욕이 많아졌을까? 성질이 나서 그렇다. 여러분보다 내 낙심이 더 크다. 세상 사람으로부터 공격받는 낙심보다 믿었던 목사의 타락상을 들었을 때의 낙심이 더 크다. '나는 어떻게 살아야 하지? 나는 이 길을 제대로 갈 수 있을까?' 하는 생각이 든다.

나는 기독교의 타락의 깊이를 안다. 엘리야처럼 홀로 남은 느낌이 들 때가 있다. 엘리야 시대에 엘리야 같은 사람이 7천 명이나 있었는데도, 엘리야는 "나 혼자 살아남았다"라고 말한다. 그럴 때가 있다. 나 혼자 외로울 때가 있다. 올바르게 사는 것 자체가 힘든 시대가 온다. 그래서 낙심할 때가 있다. 우리는 마지막 때 불의가 판치는 시대를 살아간다. 그것이 전제이다.

불의한 시대에 이 과부는 불의한 재판장에게 가서 억울함을 호소했다. 낙심하지 않고 끝까지 갔다. 그런데 과부가 재판장을 100번 찾아갔을 때, 100번 다 거절당하리라 생각했다면 과부도 계속 찾아가지 못했을 것이다. 이 재판장이 기분 좋은 어느 날, 마음이 변하는 그날이 있을 거라는 기대를 안고 재판장을 찾아간 것이다.

억울한 과부가 불의한 재판장에게 가진 0.1퍼센트의 기대감이 하나님께 있는가? 불의한 세상을 보고 낙담하고 있지 않은가? 불의한 재판장이 있지만 낙망하지 않고 하나님을 바라보며 살아갈 수 있는가?

그는 나사로와 같다. 거지 나사로의 입장에서 보면 이 세상은 말이 안 된다. 어떻게 저런 부자는 자색 옷을 입고, 권력으로 날마다 즐겁고 호화로운 생활을 할 수 있는 축복을 주고, 거지 나사로에게는 그 부자의 상에서 떨어지는 부스러기도 주지 않는가? 얼마나 나쁜가? 자기들은 흥청망청 쓰면서 그 문 앞에 거지는 개가 와서 핥을 정도로 내버려두는가? 나사로의 입장에서 얼마나 마음이 상할 상황인가?

그런데 나사로가 천국에 갔다는 것은 그가 지켰다는 것이다. 나사로가 부자의 집에서 그토록 모독을 당해도 하나님의 도우심을 바라며 살아간 것 같은 그런 믿음이 우리에게 있다면 우리는 세상의 불의에 무너지지 않는다.

마지막 시대에 필요한 기도

마지막 시대에는 어떤 기도를 해야 할까? 무엇을 준비해야 할까? 하나님을 바라보고 붙잡는 기도를 해야 한다. 종교적인 기도가 아니다. 마지막 시대일수록 경건의 모양만 있는 것은 다 무너진다. 경건의 능력은 내가 아닌 하나님에게서 나온다. 하나님을 모신 자, 믿음이 있는 자, 하나님을 아는 자에게 있다. 하나님께서 세상 끝날까지 우리와 항상 함께하신다고 하셨다. 이 사실을 믿는 자는 끝까지 하나님을 바라보며 기도한다.

기도란 세상의 모든 주권이 오직 하나님께 있다는 고백이다. 모든 주권이 하나님께 있다는 것을 아는 자는 기도가 끊어지지 않는다. 그러나 종교적인 기도는 세상의 주권과 은혜가 하나님께 있는 것을 바라보지 않고, 습관적이고 세상적으로, 아무 의미 없이 중얼거리는 것이다. 주님을 바라보지 않고, 주님 앞에서 살아가지도 않는 자이다.

신앙인과 종교인은 다르다. 신앙인은 하나님을 바라보는 자이다. 나는 목회자들에게 종교 지도자가 되지 말고 신앙의 지도자가 되라고 가르친다. 종교 지도자는 종교적인 것을 가르치고, 신앙 지도자는 '예수'를 가르친다. 이 말의 차이를 아는가? 종교 지도자는 성경을 읽고 윤리 도덕과 세상을 이야기한다. 그러나 설교 강단에서는 예수가 주인공이어야 한다. 예수님의 뜻과 가르침을 듣기 위해서 우리는 예배하며 말씀을 듣는다. 신앙인은 예수 앞에서 살아간다. 종교인은 교회 인맥, 종교적 습관을 따라 살고, 문제가 터지면 교회를 떠나 신앙생활마저 나태해진다. 신앙인은 교회를 떠날 수 있지만, 예수를 떠나지 않는다. 차원이 다르다. 진짜 예수를 바라보는 자들, 믿음을 가진 자들은 끝까지 버티고 기도하며 주님을 바라본다. 이것이 마지막 때를 살아가는 자의 기도의 모습이다.

마지막 때 어떤 어려움이 와도 하나님을 향한 믿음, 기대, 낙심하지 않는 기도가 있다면 지켜갈 수 있다. 마지막 시대의 믿음은 '지키는 믿음'이다. 마지막 시대는 빼앗기는 것이 많다. 따라서 빼앗는 것을 지키는 것이 믿음이다. 지키려면 지킬 것이 있어야 한다. 또 빼앗길 것이 있어야 빼앗긴다. 우리 안에 말씀이 있고 주님이 계셔야 사탄이 빼앗는다. 그런데 우리 안에 세상 것이 가득 차 있다면 사탄은 그것을 그냥 놔둔다.

우리가 지금 해야 할 일은 채우는 것이다. 지금은 우리가 준비할 때이다. 요셉이 준비한 풍년이 흉년을 이긴다. 지금은 말씀과 기도로 준비할 때이다. 그래서 반석 위에 뿌리 내려야 이제부터 환난과 비바람이 쳐도 이겨낼 수 있다. 그렇지 않으면 흔들린다. 지금은 은혜의 날이고, 구원의 날이다. 이 말은 우리에게 아직 기회가 있다는 뜻이다. 마지막 때 믿음을 지키기 위해 지금 준비해야 한다. 환난을 대비하는 것이다. 그래야 낙심하지 않고 믿음을 지켜낼 수 있다.

바리새인과 세리 비유 (눅 18:9-14)

두 번째 기도 비유는 바리새인과 세리의 기도이다.

또 자기를 의롭다고 믿고 다른 사람을 멸시하는 자들에게 이 비

유로 말씀하시되 눅 18:9

이 비유는 자신을 의롭다고 믿고 다른 사람을 멸시하는 자에게 하시는 말씀이다. 이 비유를 듣는 자는 상대적으로 자신을 종교적으로 의롭다 생각하고, 상대적으로 다른 사람을 자신보다 낮게 여기며 멸시하는 사람이다. 그런데 신앙이 깊어지면 내 신앙의 모습을 다른 사람과 비교하지 않는다.

나는 볼링을 좀 치는 편인데, 40대에 평균 200점이 넘었고 180점 이하로 내려간 적이 없다. 그러다가 몇 년 전에 볼링을 다시 시작하면서 200점을 향해 가는 시점에 코로나19로 더 이상 칠 수 없게 되었다. 볼링을 잘 못 치는 사람은 "나 오늘 스트라이크 두 번 나왔어!"라고 자랑한다. 하지만 잘 치는 사람은 스트라이크가 몇 번인지는 중요하지 않다. '왜 안 되지?'를 고민한다.

어느 날 볼링을 치는데 연속으로 스트라이크가 나왔다. 옆에서 볼링을 치며 떠들던 학생들이 조용해졌고, 나를 점점 존경의 눈으로 바라보았다. 그러다보니 마지막에 실수를 해서 287점으로 마쳤다. 내가 가슴 아팠던 것은 스트라이크 하나를 놓쳤다는 것이 아니라 그때 자세가 무너져서 제대로 못 쳤

다는 것이다.

신앙의 고수는 큐티를 했는지 안 했는지, 봉사하는지 안 하는지를 타인과 비교하지 않는다. 어떻게 하면 예수님 앞에 가까이 갈지를 고민한다. 공부 잘하는 사람은 공부 못하는 사람과 자신을 비교하지 않는다. 내 점수가 몇 점인지에 더 관심을 둔다. 내 신앙을 타인과 비교하는 것은 종교적인 신앙을 가질 때나 나타나는 현상이다.

> 10 두 사람이 기도하러 성전에 올라가니 하나는 바리새인이요 하나는 세리라 11 바리새인은 서서 따로 기도하여 이르되 하나님이여 나는 다른 사람들 곧 토색, 불의, 간음을 하는 자들과 같지 아니하고 이 세리와도 같지 아니함을 감사하나이다 12 나는 이레에 두 번씩 금식하고 또 소득의 십일조를 드리나이다 하고 눅 18:10-12

그런데 바리새인은 기도하면서 다른 사람을 언급하고 비교한다. 종교적인 기도의 특징은 "내가 했습니다", "안 했습니다", "필요합니다"라고 하나님과 관계없는 말들만 나열한다는 것이다. 바리새인의 기도에 가장 큰 문제는 경건의 모양만 있다는 것이다(딤후 3:5).

마지막 시대에 흔들리는 신앙은 경건의 모양만 있다. 모양만 있다는 것은 그들의 기도에 하나님과의 관계가 없다는 말이다. 하나님과 관계가 깊어야 하나님과 통하는 기도를 할 수 있다. 관계가 없으니 피상적인 기도를 하는 것이다. 하나님과 삶의 문제를 나누지 말라는 말이 아니다. 삶의 문제를 기도하되 더 깊이 들어가야 한다. 일에 관련된 이야기만 나누는 사람은 친한 사람이 아니다. 친한 사람일수록 별걸 다 알고 있다. 하나님과도 피상적으로만 이야기하며 "주세요", "했어요"라고 말하는 것으로는 관계가 깊어지지 않는다.

하나님과 세세히 나눌 수 있어야 한다. 신앙은 나와 하나님과의 문제이다. 내가 다른 사람보다 하나님을 더 많이 사랑한다고 해도 신앙이 깊어지면 더 사랑하기를 원한다. "내가 저 사람보다 더 많이 사랑했으니 그만해도 되겠다"는 말을 하지 않는다. 그것은 사랑이 아니다. 진짜 사랑하면 더 만나고 싶고, 더 주고 싶고, 줘서 기쁘고, 손해 봐도 기쁘고, 참아서 기쁘고, 어려워서 기쁘다. 이런 것은 사랑밖에 없다.

바리새인의 경건은 외식에 불과하다. 도리어 마지막 때에 가장 조심해야 할 신앙의 모습이다. 겉으로 드러나는 종교적 행위를 신앙으로 착각하는 것이다.

13 세리는 멀리 서서 감히 눈을 들어 하늘을 쳐다보지도 못하고

다만 가슴을 치며 이르되 하나님이여 불쌍히 여기소서 나는 죄인이로소이다 하였느니라 14 내가 너희에게 이르노니 이에 저 바리새인이 아니고 이 사람이 의롭다 하심을 받고 그의 집으로 내려갔느니라 무릇 자기를 높이는 자는 낮아지고 자기를 낮추는 자는 높아지리라 하시니라 눅 18:13,14

반면에 세리는 "하나님이여 불쌍히 여기소서 나는 죄인입니다"라고 기도한다. 이 기도는 그가 하나님 앞에 서 있다는 뜻이다.

나는 피부가 하얀 편인데, 그것은 황인종 사이에서나 할 수 있는 말이다. 내 앞에 백인이 있으면 나는 황인종이 맞다. 하나님을 만나면 내가 누구인지 보인다. 세리가 하나님을 바라본 순간 그는 하나님의 거룩을 느끼고 감히 그 앞에 나아가지 못하고 고백하게 된다. "나는 죄인입니다." 하나님을 바라보는 자는 그것을 인정할 수밖에 없다.

겸손은 겸손하려고 해서 하는 것이 아니다. 인간은 겸손할 수 없다. 겸손해 보이려고 한 말이 오히려 다른 사람에게 상처가 될 수 있다. 겸손은 내가 가진 것을 누가 주었는지 알고, 누가 가져갈지를 알 때 나온다. 내가 가진 것이 내 것이 아님을 알 때, 주권자를 알 때 겸손할 수 있다. 하나님을 보면 내가 어떤 존재인지 보인다. 세리는 자신이 죄인임을 알았고, 주권자가 하나님이신 것도 알았다. 그래서 그의 기도는 겸손한 기도이다.

마지막 때는 세리처럼 겸손한 기도를 해야 한다. 하나님 앞에서 살지 않으면 바리새인처럼 다른 사람과 비교하며 살아가게 된다. 비교는 사탄이 주는 마음이다. 아담과 하와는 그들 자신을 하나님과 비교하였다. 그들이 하나님처럼 되고 싶어 했기 때문에 죄가 들어왔다. 마지막 때는 비교할 것이 많다. 시대가 불의해서 불의한 재판장과 같은 사람들이 많다. 나는 불의하지 않고 바르게 살려고 노력한다. 그러니까 그렇지 않은 사람들과 자꾸 비교하게 된다. 그러나 우리가 해야 할 것은 비교가 아니다. 신앙은 하나님과 나와의 문제이다.

마지막 때 우리는 불평과 불만으로 무너진다. 그러니 어떻게 살아야 하는가? 억울한 과부가 믿음을 가지고 불의한 재판장에게 갔던 것처럼 낙망하지 말고 기도하며 하나님만 바라보며 겸손하게 살아가야 마지막을 버틸 수 있다. 마지막 때 하나님을 놓치면 다 놓쳐버리게 된다. 하나님만 바라보며 믿음으로 살아야 하는 시대이다. 불의한 재판장 같은 사람들이 판을 치는 시대이다. 이 불의한 시대에 자신의 신앙을 꼭 지켜야 한다.

어린아이와 같은가?

바리새인과 세리의 기도 다음으로 별안간 어린아이에 관한 이야기가 나온다.

> 내가 진실로 너희에게 이르노니 누구든지 하나님의 나라를 어린아이와 같이 받아들이지 않는 자는 결단코 거기 들어가지 못하리라 하시니라 눅 18:17

겸손한 자의 특징은 어린아이같이 부모를 따른다는 것이다. 아이들은 귀찮을 만큼 부모를 찾는다. "엄마! 아빠! 이거 줘! 이게 필요해!" 우리 삶에 문제가 계속될 때 끊임없이 "하나님!"을 찾고 부르는 것, 어린아이와 같이 하나님께 나아가는 것이 겸손이다. 하나님을 끝까지 붙잡는 것이 겸손이다. 그것이 어린아이와 같은 것이다.

부자 청년 비유 (눅 18:18-26)

> 18 어떤 관리가 물어 이르되 선한 선생님이여 내가 무엇을 하여야 영생을 얻으리이까 19 예수께서 이르시되 네가 어찌하여 나를 선

하다 일컫느냐 하나님 한 분 외에는 선한 이가 없느니라 20 네가 계명을 아나니 간음하지 말라, 살인하지 말라, 도둑질하지 말라, 거짓 증언하지 말라, 네 부모를 공경하라 하였느니라 21 여짜오되 이것은 내가 어려서부터 다 지키었나이다 22 예수께서 이 말을 들으시고 이르시되 네게 아직도 한 가지 부족한 것이 있으니 네게 있는 것을 다 팔아 가난한 자들에게 나눠주라 그리하면 하늘에서 네게 보화가 있으리라 그리고 와서 나를 따르라 하시니 23 그 사람이 큰 부자이므로 이 말씀을 듣고 심히 근심하더라 24 예수께서 그를 보시고 이르시되 재물이 있는 자는 하나님의 나라에 들어가기가 얼마나 어려운지 25 낙타가 바늘귀로 들어가는 것이 부자가 하나님의 나라에 들어가는 것보다 쉬우니라 하시니 26 듣는 자들이 이르되 그런즉 누가 구원을 얻을 수 있나이까 눅 18:18-26

부자 청년 비유는 공관복음에 다 나온다. 이 사람은 산헤드린 공회의 관리이고, 젊은 부자이고, 어떻게 영생을 얻을 수 있을지 질문하는 종교적 열심 또한 가진 자였다. 세상적으로 말하면 '킹카'이다. 신분도 높고, 돈도 많고, 어려서부터 교회에서 십일조 생활, 봉사, 율법을 지키는 것 등 어느 것 하나 나무랄 데 없는 청년이다. 그러나 이 청년에게 "네게 있는 것을 다 팔아 가난한 자들에게 나눠줘라. 그리고 와서 나를 따르라!"고 하셨을 때, 그 청년은 예수님은 보지 못하고, 자신이 가진 것만 보았다. 자신의 것을 놓지 못했다. 그래서 그는 예수님의 말씀을 들었지만 그분을 따라가지 못한 '어른'이다.

이 이야기를 들은 자들은 그렇다면 누가 구원을 얻을 수 있겠느냐고 질문한다. 이 비유 이전에 말한 어린아이와 같은 자가 구원을 받는다. 마지막 때 신앙은 어린아이와 같아야 한다. 어린아이는 부모를 의지한다. 아이들이 어렸을 때 부모는 먹을 것을 걱정하며 기도하는데도 아이들은 그저 해맑았다. 그저 "배고파! 밥 줘!"라고 투정한다. 걱정하지 않는다. 아이들은 부모가 책임져야 한다. 어린아이는 부모만 바라본다. 마지막 때에 어린아이처럼 하나님만 바라보고 하나님께 구하지 않으면, 부자 청년처럼 세상 것을 다 가졌더라도 구원받을 수 없다.

삭개오 이야기

누가복음에는 유일하게 삭개오에 대한 기록이 나온다(눅 19:1-10). 삭개오도 부자이고 세리장이다. 세리장은 닳고 닳은 사람이다. 세리는 누구보다 돈과 이익을 챙기고, 누구보다 고리대금을 하고, 누구보다 나쁜 짓을 한 사람이다. 그러나 그런 삭개오가 예수를 만났을 때 그는 어린아이와 같았다. 예수님을 보기 위해 나무에 올라가고, 예수님 앞으로 달려가고, 즐거워하고, 자기의 것을 기쁘게 나눌 줄 알았다. 그런 어린아이 같은 모습이었다.

마지막 때를 살아갈 때 우리가 지켜야 할 신앙의 모습은 무엇인가? 불의한 자가 판치는 불의한 시대에서는 낙심할 일이 수도 없이 일어날 것이다. 경건의 모양만 있고 외식하는 자가 넘쳐나는 시대 속에서 어떻게 할 것인가? 어른처럼 내가 주장하고 판단하는 자, 똑똑한 자의 모습이 아니라 끝까지 하나님을 붙잡는 신앙, 어린아이같이 하나님을 의지하는 신앙을 해야 한다. 이 길은 좁은 문이다. 똑똑한 사람의 눈으로는 들어갈 수 없는 문이다. 세상 사람들의 눈에는 그런 우리가 바보처럼 보일 것이다. 어린아이는 자기의 판단이 아니라 부모의 판단을 보고, 믿고, 가는 자이다. 어린아이같이 마음을 지키는 자이다.

마지막 때에 신앙 양심의 순결을 지키는 자가 하나님을 끝까지 붙잡을 수 있다(마 10:16). 물론 여러분이 하는 일, 맡겨진 일에는 똑똑해야 한다. 그러나 하나님을 따르고 의지하는 신앙 문제에서는 너무 똑똑해지지 말라. 그저 말씀을 믿고 진리를 따라가는 단순한 신앙을 가져야 한다. 하나님 앞

에서 어떻게 행할지 똑똑히 알아야 하고, 하나님을 어떻게 따
를지도 확실해야 한다. 그러나 하나님의 말씀에 대해서는 어
린아이같이, 어린아이가 부모를 따르듯 온전히 진리를 믿어
야 한다.

chapter 9

천국을 나누는 복의 통로가 되라

마태복음 24장은 마태복음 23장의 말씀을 시작으로 종말의 이야기로 진행된다.

> 37 예루살렘아 예루살렘아 선지자들을 죽이고 네게 파송된 자들을 돌로 치는 자여 암탉이 그 새끼를 날개 아래에 모음같이 내가 네 자녀를 모으려 한 일이 몇 번이더냐 그러나 너희가 원하지 아니하였도다 38 보라 너희 집이 황폐하여 버려진 바 되리라 39 내가 너희에게 이르노니 이제부터 너희는 찬송하리로다 주의 이름으로 오시는 이여 할 때까지 나를 보지 못하리라 하시니라 마 23:37-39

예수님은 예루살렘의 황폐함을 이야기하신다. 유대인에게

예루살렘의 황폐함은 멸망이다. 마태복음 24장은 성전이 무너진다는 이야기로 시작한다. 예루살렘 성전은 BC 19년부터 AD 63년까지 굉장히 오랫동안 지어졌다. 거의 80년이다. 예수님의 탄생을 AD 3,4년으로 볼 때 예수님이 이 말씀을 하신 시기는 성전이 한창 지어지고 있을 때였다.

또 다른 환난의 시대의 도래

1 예수께서 성전에서 나와서 가실 때에 제자들이 성전 건물들을 가리켜 보이려고 나아오니 2 대답하여 이르시되 너희가 이 모든 것을 보지 못하느냐 내가 진실로 너희에게 이르노니 돌 하나도 돌 위에 남지 않고 다 무너뜨려지리라 마 24:1,2

그런데 예수님이 그 성전을 보시며 성전의 멸망을 말씀하신 것이다. 예루살렘 성전은 성전이 완공된 지 7년 뒤인 AD 70년에 로마에 의해 파괴되었지만, 예수님이 말씀하실 때만 해도 성전을 짓는 중이었다. 그러니 이것은 유대인들의 관점에서 이해가 안 되는 이야기였다. 지금 성전을 짓고 있는데 무너진다니 말이다.

역사적으로 성전의 멸망은 곧 이스라엘의 멸망이었다. 바벨론에 의해 벌어진 일이고, 환난의 시대였다. 그런데 다시 성전이 무너진다는 예언은 또다시 환난의 시대가 온다는 것이다. AD 70년에 성전이 무너짐으로써 본격적인 새 하늘과 새 땅이 시작되었다. 예수님이 오시기 전까지 필요한 것은 구약의 성전이었는데, 성전이 무너짐으로써 복음이 세상에 퍼져 나가기 시작했다. 이제 세상은 본격적으로 말세를 향해 달려가고, 천국은 침노하는 자의 것이 되는 시대가 열렸고, 그렇게 2천 년을 달려왔다.

그리고 이제 마지막 때 주님이 오시기까지 몇 가지 조건이 더 남았다. 복음이 땅끝까지 전해져야 하고, 환난과 징조가 보이고, 미혹의 시대가 오고, 적그리스도가 등장하는 것이다.

주의 임하심과 세상 끝에 있는 징조

예수님께서 고난주간인 종려주일에 예루살렘에 입성하시고, 월요일에 성전을 정화하시고, 화요일 논쟁의 날에 성전에서 가르치시며 종말의 징조와 재림을 예언하시고, 수요일에 쉬시고, 목요일에 제자들과 최후의 만찬을 가지셨다. 바로 그 고난주간 화요일에 말씀하신 내용이 마태복음 24장이다. 그런데 그때 예루살렘의 황폐함과 성전의 무너짐을 설명하셨다는 것은 유대인들에게는 멸망을 의미한다.

예수께서 감람산 위에 앉으셨을 때에 제자들이 조용히 와서 이르되 우리에게 이르소서 어느 때에 이런 일이 있겠사오며 또 주의 임하심과 세상 끝에는 무슨 징조가 있사오리이까 마 24:3

예루살렘의 멸망에 관한 이야기를 들은 제자들이 마지막 때의 징조를 묻는다. 예수님은 제자들에게 미혹을 받지 말라고 하시고, 징조를 말씀해주셨다.

내가 앞부분에서 설명한 내용이다. 난리와 난리 소문, 전쟁과 기근 등이 재난의 시작이다. 지엽적인 사건으로 끝났던 많은 일들이 이제 문명의 발달로 전 세계가 다 아는 시대, 종말이 점점 더 가까운 시대가 되었다. 그리고 성도가 핍박을 받고 사람들이 성도를 환난에 넘겨주는 때가 올 것이다. 불의한 재판장과 같은 사람들이 판치는 시대, 불법이 성하므로 많은 사람의 사랑이 식어지는 시대, 그래서 자기만을 사랑하는 시대를 살아가게 될 것이다.

그러나 끝까지 견디는 자는 구원을 얻으리라 마 24:13

그러면 어떻게 끝까지 견딜 수 있을까? 불의한 시대에 억울한 과부처럼 믿음의 눈으로 하나님을 바라보고, 결국 하나님 앞에 설 자신을 바라보며 살아가야 그때를 견딜 수 있다. 세상을 보면 실족할 일이 많다.

이 천국 복음이 모든 민족에게 증언되기 위하여 온 세상에 전파되리니 그제야 끝이 오리라 마 24:14

복음이 온 세상에 전파되어 주 예수를 알게 되면 마지막 때가 올 것이다. 그날과 그때를 알지 못하는 우리는 주님이 오실 때까지 그저 일상을 살아간다. 그렇다면 주님이 오실 때, 적그리스도가 나타날 때는 어떨까? 다시 평화롭고 안전한 시대가 올 것이다. 우리의 긴장감을 확 풀어버리는 그런 시대가 분명히 올 것이다.

그리고 큰 환난과 주님의 오심을 설명한 뒤, 무화과나무 비유를 배워 징조를 보고 하나님의 때를 알라고 말씀하신다(마 24:32). 우리는 마지막 때의 징조를 알아야 한다. 우리 가운데 일어나는 환경의 변화와 삶의 변화를 찾아야 한다. 무화과나무를 보고 알 수 있는 것처럼 이 세상의 난리와 재난과 징조를 보고 깨어서 하나님의 때가 오는 것을 준비해야 한다. 이제는 환난의 때가 올 것이다.

나는 차별금지법 반대 청원에 동의했다. 동성애 관련 법률을 막기 위해서다. 물론 내가 반대 청원에 동의했다고 해서 이 법의 제정을 막을 수 있다고 확신할 수는 없다. 그렇지만 목사로서 할 수 있는 일이 그것밖에 없었다. 모든 종교가 동성애를 받아들이는데 기독교만 반대한다고 해서 그 흐름을 막을 수 있을지, 버티고 버티다가 법안이 통과될 수도 있다. 그러다가 더한 법도 통과되는 날이 올지도 모른다.

성경의 마지막 때에는 성적 타락과 강포함이 있다. 왜 이 같은 성적 타락이 몰려올까? 동성애는 성적 타락을 넘어 하나님이 만드신 가정의 파괴이며, 생육하고 번성하라는 하나님의 명령에 대한 도전이다. 이로써 마지막 때 세상이 기독교 진리의 반대편에 서는 시대가 올 것이다.

한번은 동성애 관련한 설교를 했을 때 한 성도로부터 이런 말을 들었다. 직장에서 동성애 관련 대화를 할 때 "반대한다"는 말을 하지 못한다는 이야기였다. 동성애를 반대하면 문제 있는 사람이 되고, 인권도 모른다는 이야기를 듣는 시대가 되어 두려운 것이다. 지금이 그런 시대이다. 그렇다면 우리는 어떻게 살아야 할까?

이렇게 하는 종이 복이 있다

42 그러므로 깨어 있으라 어느 날에 너희 주가 임할는지 너희가 알지 못함이니라 43 너희도 아는 바니 만일 집주인이 도둑이 어느 시각에 올 줄을 알았더라면 깨어 있어 그 집을 뚫지 못하게 하였으리라 44 이러므로 너희도 준비하고 있으라 생각하지 않은 때에 인자가 오리라 마 24:42-44

성경은 "깨어 있으라", "준비하고 있으라"라고 말씀한다. 그렇다면 우리는 말세에 어떻게 준비해야 할까?

45 충성되고 지혜 있는 종이 되어 주인에게 그 집 사람들을 맡아 때를 따라 양식을 나눠줄 자가 누구냐 46 주인이 올 때에 그 종이 이렇게 하는 것을 보면 그 종이 복이 있으리로다 47 내가 진실로 너희에게 이르노니 주인이 그의 모든 소유를 그에게 맡기리라 마 24:45-47

하나님이 어떤 자에게 일을 맡기시는가? 어떤 자가 복이 있다고 하시는가? 45절처럼 하는 자이다. 첫째, 지혜롭고, 둘째, 충성되고, 셋째, 때를 따라 양식을 나눠주는 자이다. 그런 사람에게 복이 있고, 주인이 그 종에게 자신의 모든 소유를 맡길 것이다.

마태복음 25장의 비유

이것을 설명하고 있는 것이 마태복음 25장의 비유이다. 마태복음 25장에는 세 가지 비유가 나온다. 첫째, 열 처녀 비유 (1-13절)이다. 슬기로운 처녀 다섯 명과 미련한 처녀 다섯 명이 나오는데, 슬기롭다는 것은 지혜롭다는 것이다. 둘째, 달란트 비유(14-30절)는 착하고 충성된 종에 대해 말한다. 셋째, 양과 염소 비유(31-46절)이다. 하나님께서 나에게 맡겨주신 자들에게 때를 따라 양식을 나누어주었는지를 물으신다.

마지막 시대를 살아가는데 하나님의 은혜와 보호하심을 받는 자들, 복이 있는 자들, 상이 있는 자들, 인정받는 자들은 어떤 자들인가? 지혜롭고 충성되고 때를 따라 양식을 나눠주는 자이다. 마태복음 25장의 비유는 종말을 맞이하는 성도들이 영적으로 어떻게 준비해야 하는지를 말해준다.

열 처녀 비유 (마 25:1-13)

첫째, 지혜로운 자이다.

1 그때에 천국은 마치 등을 들고 신랑을 맞으러 나간 열 처녀와 같다 하리니 2 그중의 다섯은 미련하고 다섯은 슬기 있는 자라 3 미련한 자들은 등을 가지되 기름을 가지지 아니하고 4 슬기 있는 자들은 그릇에 기름을 담아 등과 함께 가져갔더니 5 신랑이 더디 오므로 다 졸며 잘새 6 밤중에 소리가 나되 보라 신랑이로다 맞으러 나오라 하매 7 이에 그 처녀들이 다 일어나 등을 준비할새 8 미련한 자들이 슬기 있는 자들에게 이르되 우리 등불이 꺼져가니 너희 기름을 좀 나눠 달라 하거늘 9 슬기 있는 자들이 대답하여 이르되 우리와 너희가 쓰기에 다 부족할까 하노니 차라리 파는 자들에게 가서 너희 쓸 것을 사라 하니 10 그들이 사러 간 사이에 신랑이 오므로 준비하였던 자들은 함께 혼인 잔치에 들어가고 문은 닫힌지라 11 그 후에 남은 처녀들이 와서 이르되 주여 주여 우리에게 열어주소서 12 대답하여 이르되 진실로 너희에게 이르노니 내가 너희를 알지 못하노라 하였느니라 13 그런즉 깨어 있으라 너희는 그날과 그때를 알지 못하느니라 마 25:1-13

열 처녀 비유는 혼인 잔치 비유이다. 예수님의 첫 번째 이적은 요한복음 2장 가나의 혼인 잔치였고, 마지막 요한계시록 19장에도 어린양의 혼인 잔치가 나온다. 사도 요한은 혼인 잔치로 시작해서 혼인 잔치로 끝마친다. 예수님은 땅의 혼인 잔치에서 포도주가 부족한 것을 채우셨다. 그리고 요한계시록 19장은 혼인 잔치에서 입는 예복인 세마포 옷이 성도의 옳은 행실이라고 이야기했다.

우리는 혼인 잔치를 준비하는 신부와 같다. 신랑 신부는 결혼식 날짜에 맞춰서 모든 것을 준비하고 계획한다. 이 땅을 살아가는 슬기로운 자는 천국을 향한 준비와 계획이 반드시 있어야 한다. 주님의 오심을 알고 이 땅에서 준비하는 자가 지혜로운 자이다. 준비하지 않은 자는 미련한 다섯 처녀와 같다.

그런데 준비한 자와 준비하지 않은 자 모두 등은 가지고 있었다. 미련한 자들은 등은 있는데 기름을 준비하지 않았고, 슬기로운 자들은 등과 함께 통에 기름도 마련해두었다. 재미있는 것은 신랑이 늦도록 오지 않자 미련한 처녀도 슬기로운 처녀도 모두 졸다가 잠이 들었다는 것이다. 그러니까 슬기로운 자라고 해서 항상 깨어 있는 것은 아니다. 같이 졸 때도 있다. 중요한 것은 '준비하고 있느냐 아니냐' 하는 것이다. 준비하는 자가 지혜로운 자이다.

하나님의 불이 있는가?

우리가 세상에 빛을 비추려면 무엇이 있어야 할까? 기름이 있어야 한다. 그렇다면 기름을 준비한다는 것은 무엇일까? 등잔과 등불은 유대인에게 성전을 연상시킨다. 성소에 들어가면 좌우에 진설병과 금촛대가 놓여 있다. 이 금촛대의 불은 성소를 밝히는 유일한 등불이다. 성소를 밝히는 불의 기름은 감람유를 쓴다. 이 불은 결코 꺼지면 안 된다.

1 내게 말하던 천사가 다시 와서 나를 깨우니 마치 자는 사람이 잠에서 깨어난 것 같더라 2 그가 내게 묻되 네가 무엇을 보느냐 내가 대답하되 내가 보니 순금 등잔대가 있는데 그 위에는 기름 그릇이 있고 또 그 기름 그릇 위에 일곱 등잔이 있으며 그 기름 그릇 위에 있는 등잔을 위해서 일곱 관이 있고 3 그 등잔대 곁에 두 감람나무가 있는데 하나는 그 기름 그릇 오른쪽에 있고 하나는 그 왼쪽에 있나이다 하고 4 내게 말하는 천사에게 물어 이르되 내 주여 이것들이 무엇이니이까 하니 슥 4:1-4

스가랴는 천사에게 순금 등잔대와 기름이 무엇인지 질문했다.

5 내게 말하는 천사가 대답하여 이르되 네가 이것들이 무엇인지 알지 못하느냐 하므로 내가 대답하되 내 주여 내가 알지 못하나이다 하니 6 그가 내게 대답하여 이르되 여호와께서 스룹바벨에게 하신 말씀이 이러하니라 만군의 여호와께서 말씀하시되 이는 힘

으로 되지 아니하며 능력으로 되지 아니하고 오직 나의 영으로 되느니라 7 큰 산아 네가 무엇이냐 네가 스룹바벨 앞에서 평지가 되리라 그가 머릿돌을 내놓을 때에 무리가 외치기를 은총, 은총이 그에게 있을지어다 하리라 하셨고 8 여호와의 말씀이 또 내게 임하여 이르시되 9 스룹바벨의 손이 이 성전의 기초를 놓았은즉 그의 손이 또한 그 일을 마치리라 하셨나니 만군의 여호와께서 나를 너희에게 보내신 줄을 네가 알리라 하셨느니라 10 작은 일의 날이라고 멸시하는 자가 누구냐 사람들이 스룹바벨의 손에 다림줄이 있음을 보고 기뻐하리라 이 일곱은 온 세상에 두루 다니는 여호와의 눈이라 하니라 11 내가 그에게 물어 이르되 등잔대 좌우의 두 감람나무는 무슨 뜻이니이까 하고 12 다시 그에게 물어 이르되 금 기름을 흘리는 두 금관 옆에 있는 이 감람나무 두 가지는 무슨 뜻이니이까 하니 13 그가 내게 대답하여 이르되 네가 이것이 무엇인지 알지 못하느냐 하는지라 내가 대답하되 내 주여 알지 못하나이다 하니 14 이르되 이는 기름부음 받은 자 둘이니 온 세상의 주 앞에 서 있는 자니라 하더라 슥 4:5-14

14절에 '기름부음 받은 자 둘'은 문자적으로 "기름의 아들들"이라는 뜻이다. 스가랴는 마지막 때 하나님의 환상을 보여주며 두 감람나무가 있다고 말한다. 감람나무는 기름을 내고, 그 감람유는 성전을 거룩하게 하는 기름이다. 스가랴가 말한 두 감람나무, 당시 기름의 아들들은 대제사장 여호수아와 유다의 총독 스룹바벨을 가리킨다. 여호수아와 스룹바벨은 당시 하나님의 성전을 회복한 성령충만한 사람들이다.

하나님은 우리가 세상의 소금이며 세상의 빛이라고 하신다(마 5:13,14). 우리가 세상에 빛을 밝히려면 기름이 필요하다. 그런데 우리는 원래 빛이 아니었고, 세상에 맛을 내는 자도 아니었다. 우리를 세상의 빛으로 만드신 분은 하나님이다. 우리가 빛이 되게 하신 분은 주님이다. 레위기 6장에 보면 제단의 불과 번제의 규례에 대해 언급된다.

8 여호와께서 모세에게 말씀하여 이르시되 9 아론과 그의 자손에게 명령하여 이르라 번제의 규례는 이러하니라 번제물은 아침까지 제단 위에 있는 석쇠 위에 두고 제단의 불이 그 위에서 꺼지지 않게 할 것이요 10 제사장은 세마포 긴 옷을 입고 세마포 속바지로 하체를 가리고 제단 위에서 불태운 번제의 재를 가져다가 제단 곁에 두고 11 그 옷을 벗고 다른 옷을 입고 그 재를 진영 바깥 정결한 곳으로 가져갈 것이요 12 제단 위의 불은 항상 피워 꺼지지 않게 할지니 제사장은 아침마다 나무를 그 위에서 태우고 번제물을 그 위에 벌여놓고 화목제의 기름을 그 위에서 불사를지며 13 불은 끊

임이 없이 제단 위에 피워 꺼지지 않게 할지니라 레 6:8-13

중요한 것은 "제단의 불이 그 위에서 꺼지지 않게 할 것이요"(9절), "제단 위의 불은 항상 피워 꺼지지 않게 할지니"(12절), "불은 끊임이 없이 제단 위에 피워 꺼지지 않게 할지니라"(13절)이다. 불은 꺼지지 않아야 한다. 이 불은 하나님이 직접 붙여주셨다.

24 불이 여호와 앞에서 나와 제단 위의 번제물과 기름을 사른지라 온 백성이 이를 보고 소리 지르며 엎드렸더라 1 아론의 아들 나답과 아비후가 각기 향로를 가져다가 여호와께서 명령하시지 아니하신 다른 불을 담아 여호와 앞에 분향하였더니 2 불이 여호와 앞에서 나와 그들을 삼키매 그들이 여호와 앞에서 죽은지라 레 9:24-10:2

하나님이 제단에 불을 붙이셨고 그 불이 번제물과 기름을 불살랐다. 그런데 아론의 아들 나답과 아비후가 다른 불을 담아 하나님께 드리려고 했다. 그래서 그들은 여호와 앞에서 죽음을 맞이한다. 결코 다른 불을 사용해서는 안 된다.

1 아이 사무엘이 엘리 앞에서 여호와를 섬길 때에는 여호와의 말씀

이 희귀하여 이상이 흔히 보이지 않았더라 2 엘리의 눈이 점점 어두
워 가서 잘 보지 못하는 그때에 그가 자기 처소에 누웠고 3 하나
님의 등불은 아직 꺼지지 아니하였으며 사무엘은 하나님의 궤 있
는 여호와의 전 안에 누웠더니 삼상 3:1-3

하나님의 등불은 아직 꺼지지 않았다. 등불이 꺼지지 않았
다는 것은 하나님의 살아 계심을 말하는 것이다. 엘리 제사장
이 아무리 타락했어도 하나님의 등불이 꺼지지 않았다는 것은
하나님의 영광이 아직 거기에 있다는 뜻이다.

역대하 6장에는 솔로몬의 기도가 나온다(대하 6:12-42). 솔
로몬은 성전을 짓고 나서 하나님께 기도를 올렸다.

18 하나님이 참으로 사람과 함께 땅에 계시리이까 보소서 하늘과
하늘들의 하늘이라도 주를 용납하지 못하겠거든 하물며 내가 건
축한 이 성전이오리이까 19 그러나 나의 하나님 여호와여 주의 종
의 기도와 간구를 돌아보시며 주의 종이 주 앞에서 부르짖는 것과
비는 기도를 들으시옵소서 20 주께서 전에 말씀하시기를 내 이름
을 거기에 두리라 하신 곳 이 성전을 향하여 주의 눈이 주야로 보
시오며 종이 이곳을 향하여 비는 기도를 들으시옵소서 21 주의 종
과 주의 백성 이스라엘이 이곳을 향하여 기도할 때에 주는 그 간

구함을 들으시되 주께서 계신 곳 하늘에서 들으시고 들으시사 사하여주옵소서 대하 6:18-21

우리 하나님은 가장 높은 하늘도 감히 모시지 못하는 분인데, 어떻게 성전에 계실 수 있겠는가? 그러나 하나님의 이름이 성전에 있기에 성전을 향해 기도할 때 응답해달라고 하는 것이 바로 솔로몬의 기도이다.

솔로몬이 기도를 마치매 불이 하늘에서부터 내려와서 그 번제물과 제물들을 사르고 여호와의 영광이 그 성전에 가득하니 대하 7:1

솔로몬이 성전을 향한 기도를 마치자 불이 하늘에서 내려왔다. 엘리야 때 어떤 일이 벌어졌는가? 갈멜산에서 바알과 아세라 선지자들과 대결할 때 불이 내려와 제단을 불살랐다 (왕상 18:38). 오순절에 성령이 임하실 때도 불같이 내려왔다 (행 2:3). 우리도 성령의 불이 붙은 자들이다. 우리가 세상의 빛이라는 것은 내가 빛이 아니라 성령이 우리 안에 오심으로 우리가 세상을 비추는 빛이 된 것이다.

슬기로운 자에게는 이 불을 붙일 기름이 필요하다. 스가랴서에는 스룹바벨과 대제사장 여호수아를 세상에 빛을 비추는

사람이라고 말한다. 기름의 원천인 감람나무 두 가지가 스룹
바벨과 대제사장 여호수아라고 말한 이유는 그 당시 이 두 사
람은 누가 봐도 하나님의 영광을 나타내는 빛으로 살았기 때
문이다. 바벨론 포로에서 이스라엘로 돌아왔으나 아무것도
없는 그 암울한 시대에 그들은 방해를 무릅쓰고 무너진 성전
을 재건했다. 성전 재건은 이스라엘 백성들의 신앙에 다시 하
나님의 나라를 소망하게 만들며 신앙의 불을 타오르게 하였
다. 그들은 이스라엘 백성들의 신앙을 타오르게 하는 은혜의
기름이었다. 세상 속에서 힘들어하는 성도들에게 불이 붙도록
기름을 붓는 사람, 그 기름의 역할을 감당하는 자가 그 시대
에 하나님의 사람인 것이다. 하나님은 스룹바벨과 대제사장
여호수아를 통해 일하셨다.

큰 산아 네가 무엇이냐 네가 스룹바벨 앞에서 평지가 되리라 슥 4:7

성령의 기름이 끊임없이 공급되는가?

이 땅에서 누가 봐도 세상의 빛으로, 성령의 사람으로, 세상을
비출 사람으로 살아간다면 그는 슬기로운 자이다. 이것이 인
생의 목적이 되어야 한다. 우리는 내가 기독교의 대표라고 생
각하며 살아야 한다. 내가 집에서 잘하면, 기독교가 욕을 먹

지 않는다. 내가 학교에서 잘하면, 기독교가 타락하지 않는다. 내 친구들은 나 때문에 목사가 전부 타락했다고 말하지는 않는다. 믿지 않는 친구들도 나를 인정해준다. "남국아, 네가 타락하면 우리가 너 가만 안 둘 거야!"라며 지지해준다. 내 친구들에게는 내가 기독교의 대표이다. 여러분이 세상을 밝히는 빛이다. 하나님께서 "쟤를 보내면 그 자리에서 빛과 소금의 역할을 감당하고, 누가 봐도 하나님의 사람으로, 작은 능력으로, 힘겨워도 충성하며 견딜 거야!"라고 인정하실 수 있어야 한다.

여러분이 있는 곳에서 누가 봐도 하나님의 사람으로 살아간다면, 마지막 때에 굳이 믿음을 증명하지 않아도 된다. 빌라델비아교회처럼 작은 능력을 가지고도 하나님의 말씀을 지켜왔기에 하나님께서 마지막 때 환난을 피하도록 해주신다. 인내의 말씀을 지킨 자들은 시험의 때를 면하게 하신다. 작은 능력을 가지고도 어느 자리에서든지 빛과 소금으로 살았는데, 하나님께서 어떻게 시험하시겠는가? 마치 수시에 붙으면 수능을 보지 않아도 되는 것과 같다. 슬기로운 자는 자신이 있는 그 자리에서 성령의 사람으로 살아간다. 그런 자에게 하나님의 기름이 끊임없이 공급된다.

영적인 사람과 이야기를 나누면 그 안에서 하나님의 것이 나오고, 하나님의 것이 드러나며, 그를 만나면 내 안의 영이 더 힘을 받는다. 하나님은 작은 능력으로 인내의 말씀을 지키며 준비하는 자들을 굳이 시험하지 않으신다. 그는 이미 세상의 빛으로 인정받은 사람이기 때문이다. 그러면 어떤 자에게 칼을 대시겠는가? "네가 차든지 뜨겁든지 하라"(계 3:15)고 한 라오디게아교회와 같은 사람이다. 미지근하여 뜨겁지도 않고 차지도 않은 것은 도대체 믿는 건지 안 믿는 건지 알 수 없는 사람이다.

우리가 왜 말씀을 공부해야 하는가? 그것은 기름을 준비하는 것과 같다. 내 안에 말씀을 가득 채워야 한다. 요한계시록은 마지막 때를 향한 말씀이다. 그런데 먼저 이 말씀을 읽는 자와 듣는 자와 지키는 자가 복되다고 말한다.

이 예언의 말씀을 읽는 자와 듣는 자와 그 가운데에 기록한 것을 지키는 자는 복이 있나니 때가 가까움이라 계 1:3

말씀을 읽는 자는 눈을 말씀에 두는 자이다. 말씀을 듣는 자는 귀가 하나님의 말씀에 있는 자이다. 말씀을 지키는 자는 삶이 하나님께 있는 자이다. 성령이 충만한 자이다. 눈과 귀가 다른 곳에 있다면 그는 성령충만한 자가 아니다. 여러분의 눈이 있는 곳, 귀가 있는 곳, 말이 있는 곳, 삶이 있는 곳에 여러분의 신앙이 있다.

마지막 때에 고통하는 때가 이른다. 디모데후서 3장에서 말하는 마지막 때의 특성은 단적으로 성령충만하지 않다는 증거이다. 그러나 성령충만하면 자기를 사랑하지 않고 주(主)를 사랑한다. 돈이 아니라 하나님의 것을 사랑한다. 속사람이 바뀐다. 여기에 우리의 신앙의 싸움이 있다. 신앙의 싸움은 밖에 있는 것이 아니다. 바깥에 있는 환경이나 상황이 나에게 영향을 끼쳐서 불평하게 되는 것은 내 신앙이 약화되었다는 증거이다.

지금은 준비할 때이다. 계속해서 성령의 기름이 타도록 준비해야 한다. 모두에게 등잔이 있다. 슬기로운 처녀들도 신랑을 기다리다가 잠깐 졸았다. 하지만 그러다가 황급히 깼다. 우리도 살다보면 졸 때가 있다. 하지만 말씀과 기도로 충만하게 준비된 자는 다시 타오를 수 있다. 아는 것이 중요한 게 아니라 읽는 것이 중요하다. 성경 일독도 안 하고 마지막 환난을 어떻게 견뎌낼 것인가? 생각나는 말씀이 없는데 어떻게 버틸 수 있는가? 세상 것은 그렇게나 많이 준비하면서 왜 마지막 때를 준비하지 않는가? 지금부터라도 슬기로운 처녀들처럼 준비하기를 바란다.

달란트 비유 (마 25:14-30)

둘째, 충성스러운 자에 대해 알아보자.

달란트 비유에서 한 달란트는 큰 화폐 단위로 20년 치 품삯이다. 어마어마한 돈이다. 한 달란트는 적은 돈이라고 할 수없다. 그렇다면 다섯 달란트는 100년 치 품삯에 해당한다. 한 달란트를 받았다는 것은 결코 적게 받은 것이 아니다. 이것은 나에게 맡겨진 것이 절대 적지 않다는 뜻이다. 주인은 각각 재능에 따라 달란트를 맡겼다. 여기에서 'talent'(재능)가 나왔다. 우리 인생에 남은 시간, 준비한 모든 것, 재능을 다 따져보면 하나님이 주신 것이 절대 적지 않다.

그런데 하나님이 맡겨주신 것으로 어떻게 살아가는가? 주인이 와서 셈을 하는데, 다섯 달란트 맡긴 자는 다섯 달란트를 남겼고, 두 달란트 맡긴 자는 두 달란트를 남겼고, 한 달란트 맡긴 자는 그 달란트를 땅에 묻었다. 이 비유에서 그들이 얼마나 남겼는지는 중요하지 않다. 중요한 것은 '왜 한 달란트 받은 자가 그 한 달란트를 묻었는가?'이다.

24 한 달란트 받았던 자는 와서 이르되 주인이여 당신은 굳은 사람이라 심지 않은 데서 거두고 헤치지 않은 데서 모으는 줄을 내가 알았으므로 25 두려워하여 나가서 당신의 달란트를 땅에 감추

어두었었나이다 보소서 당신의 것을 가지셨나이다 마 25:24,25

한 달란트를 땅에 묻은 종은 주인을 잘못 알고 있었다. 그가 심지 않은 데서 거두고 헤치지 않은 데서 모으는 줄 알고 있었다. 주인을 굳은 사람으로 알았다. 이 종이 충성되지 않은 이유는 주인에게 받은 것에 대한 감사가 없고, 왜 자기에게 한 달란트를 주었는지 모르고, 불평하는 마음을 가졌다는 것이다. 그 종에게는 주인에 대한 잘못된 생각과 불신이 있었다.

주인을 오해한 종

세상 사람들이 이런 말을 하곤 한다.

"하나님이 계신다면 왜 코로나19가 올까? 하나님이 계신다면 왜 이 세상에 악한 사람이 있을까?"

한번은 친구가 악인에 대해 말하는데, 나는 내가 가진 달란트로 응수했다. 친구는 의로우신 하나님이 계신다면 악인은 다 죽어 마땅하다고 했다. 그래서 내가 친구에게 물었다.

"너는 의롭니?"

"난 큰 죄는 안 지은 것 같아."

"그래? 그러면 너희 아버지는?"

"의로운 것 같아."

"너희 할아버지는? 증조할아버지는? 고조할아버지는?"

"그땐 내가 안 살아봐서 잘 모르지."

"그래, 몰라! 그러면 너희 집안은 계속 의로웠니? 그중에 한 분이라도 죄를 안 지었어? 전쟁통에 어떻게 다 의로울 수 있을까? 너희 10대조 할아버지가 죄를 지어 하나님이 그 분을 죽게 하셨다면 너는 없었어. 죄를 지었더라도 다 회개하고 돌아오게 하시니까 너까지 태어난 거야. 하나님의 넉넉하심과 베푸심을 악하다고 말해? 은혜를 모르는 나쁜 놈! 네가 잘사는 건 다 하나님 때문이야!"

내가 이렇게 말했는데도 그 친구는 아직도 믿지 않는다. 문제가 터지면 하나님을 원망한다. 신이 있다면 어떻게 이럴 수 있느냐고 말한다. 이것은 하나님에 대해 모르는 것이고, 하나님에 대해 잘못된 개념을 가진 것이다.

26 그 주인이 대답하여 이르되 악하고 게으른 종아 나는 심지 않은 데서 거두고 헤치지 않은 데서 모으는 줄로 네가 알았느냐 27 그러면 네가 마땅히 내 돈을 취리하는 자들에게나 맡겼다가 내가 돌아와서 내 원금과 이자를 받게 하였을 것이니라 하고 마 25:26,27

주인은 한 달란트를 땅에 묻은 그 종을 "악하고 게으른 종아!"라고 부른다. 성품적으로 게으르다고 말하는 것이 아니다. 정말 악하다고 말하는 것이다. 악해서 하나님의 것에 게을렀고 자기 것에 충성되었다. 주인이 올 줄 알았다면 그는 주인의 것을 은행에라도 맡겨 이자라도 받게 했을 것이다. 그런데 이 종은 주인을 생각하는 마음이 없어서 최소한의 행동도 하지 않았다.

맡기신 것에 충성하라

우리의 재능은 하나님이 주셨고, 우리는 그 재능을 넘어서지 못한다. 하나님은 많이 주신 자에게 많이 찾으신다. 하나님이 오실 것을 아는 자는 맡겨진 것에 대해 최소한의 이자라도 남기려는 삶을 살아간다. '충성된 자'는 자기가 가진 소명에 성실한 사람을 말한다. 우리가 받은 것은 한 달란트, 두 달란트, 다섯 달란트 이렇게 다 다르다. 우리의 크기가 다르다. 어떤 사람에게는 가정만 맡길 수 있고, 어떤 사람에게는 회사만 맡길 수도 있다. 나는 목사로서 맡겨진 일이 많다. 대통령은 더 큰 것을 맡았다. 또 살다보면 하나님이 맡겨주시는 것의 크기가 달라진다. 맡기는 것은 하나님이 하시는 일이다. 문제는 어떤 것을 맡기시든지 하나님이 나에게 맡기신 것이 사명이라는 것이다. 그것이 소명이다.

그리고 무엇보다 가정에 성실해야 한다. 내 가족도 못 섬기는데 누구를 섬길 수 있을까? 가정일을 남자와 여자의 일로 나누는 것부터가 잘못이다. 다 사랑해서 하는 것이다. 더 할 수도 있고, 못 할 수도 있다. 그런 것을 따지기보다 하나님이 내게 맡기신 것을 하나님 앞에서 성실하게 행하는 것이다. 물론 억울한 가정도 있을 것이다.

한때는 나도 억울하다고 생각했다. '왜 나를 이런 가정에서 태어나게 하셨을까?', '왜 사형제 중에 나만 해야 하는 걸까?', '왜 내가 이 일을 감당해야 하지?' 이런 생각이 들 때가 있다. 그런데 그런 생각만 했다면 아무것도 못 했을 것이다. 나는 치매이신 어머니를 돌보고, 장모님과 장인어른을 모셨다. 왜 그랬을까? 주님이 내게 그렇게 하라고 하셨기 때문이다. 상황이, 여건이 나를 그렇게 몰아갔다. 주님이 이렇게 나에게 요구하시는데, 어떻게 안 하겠는가? 거기에 억울할 것이 있겠는가?

주님이 우리에게 요구하시는 것은 충성된 종이다. 착하고 충성된 종이다. 두 달란트든, 다섯 달란트든 얼마를 남겼든지 상관없이 하나님이 맡기신 것을 성실하게 해나갔기 때문에 그들을 "착하고 충성된 종아"라고 부르신다. 하나님은 맡긴 것에 대해 상급을 주시고, 책망하신다. 그러니 최소한의 이자라도 남기려고 노력해야 한다. 빌라델비아교회처럼 작은 능력을 가졌더라도 인내의 말씀을 지켜야 한다!

자기 십자가를 지라

마지막 때에 무엇을 준비하겠는가? 적그리스도를 여러분이 어떻게 막겠는가? 정권을 어떻게 막겠는가? 전 세계가 동성애를 지지한다면 누가 막을 수 있는가? 막지 못한다. 성경이 막을 수 없다고 말한다. 그런 시대가 오는 것이다. 그런데 주님은 너희에게 주어진 삶에서 내가 맡긴 것에 성실하냐고 물으신다. 세상에 대한 불평으로 주제넘게 굴지 말고 내게 주어진 것만 잘하자. 세상 모든 짐을 혼자 짊어진 것처럼 말하는 것은 건방진 것이다.

세상 짐은 내가 다 질 수 없다. 내게 맡겨진 것만 짊어지면 된다. 내게 맡겨졌기 때문에 '자기 십자가'라고 하는 것이다. "누구든지 나를 따라오려거든… 자기 십자가를 지고 나를 따를 것이니라"(마 16:24). 나에게 맡겨진 가정, 교회, 사람에 대해 "하나님, 제가 충성되고 성실하겠습니다!"라고 말하고 노력해야 한다.

나는 아이들이 성실해야 할 때 성실하지 않으면 혼을 낸다. 학교에 다니기 싫으면 다니지 않아도 된다고 말한다. 그런데 학교에 다니면 적어도 시험 때는 공부를 해야 한다. 학생이라면 시험 때는 책상에 앉아 있는 것이 성실한 것이다. 그러다 혹여 책상에서 잠을 자더라도 그것을 혼내지 않는다. 집중력이 좋지 않은 것을 어쩌겠는가? 그런데 대놓고 침대에서 자는 것은 잘못이다. 그건 포기했다는 뜻이기 때문이다. 성실하려고 노력했지만, 잘 안 돼서 책상에서 자는 건 용서가 된다. 그러나 시험 때만큼은 게임하고 놀면 안 된다. 이것은 직무유기이다. 그리스도인들은 토요일에 밤늦도록 놀면 안 된다. 그것이 다 주일에 영향을 미치기 때문이다.

우리는 성실해야 한다. 말씀의 기름을 준비하는 자, 작은 능력을 가지고도 인내의 말씀을 지키는 자가 되어야 한다. 우리에게 맡겨진 것은 작은 능력이다. 크지 않다. 세상을 바꿀 만한 능력은 아니다. 나에게 있는 능력으로 맡겨진 일을 감당하는 것이다. 커다란 횃불은 못 들어도 내 자리에서 작은 촛불 하나를 드는 것이다. 하나님의 등불은 꺼지지 않았다. 지금 있는 내 자리에서, 성실하게 그리스도인답게 살자.

양과 염소 비유 (마 25:31-46)

셋째, 때를 따라 양식을 나눠주는 자이다.

양과 염소 비유에 나오는 이야기이다. 열 처녀 비유와 달란트 비유는 교회 안에 있는 성도를 향한 비유였다. 예수님은 기름을 준비하고 세상의 빛으로서 충성을 다하라는 비유를 제자들에게 말씀하셨다. 그러나 양과 염소 비유는 다르다. 세상을 두 부류로 나누었다. 양처럼 하나님 편에 속한 자와 염소처럼 하나님 편에 속하지 않는 자로, 신자와 불신자로 가른 것이다.

31 인자가 자기 영광으로 모든 천사와 함께 올 때에 자기 영광의 보좌에 앉으리니 32 모든 민족을 그 앞에 모으고 각각 구분하기를 목자가 양과 염소를 구분하는 것같이 하여 33 양은 그 오른편에 염소는 왼편에 두리라 마 25:31-33

31절에 '자기 영광으로 모든 천사와 함께 올 때'는 마지막 때를 가리킨다. 그리고 그 마지막 때에 심판이 있다. 그런데 이 비유에서 양과 염소에게 공통점이 있다. 그들의 행위에 대한 심판에 대하여 동일하게 말씀한다는 것이다.

38 어느 때에 나그네 되신 것을 보고 영접하였으며 헐벗으신 것을 보고 옷 입혔나이까 39 어느 때에 병드신 것이나 옥에 갇히신 것을 보고 가서 뵈었나이까 하리니… 43 나그네 되었을 때에 영접하지

아니하였고 헐벗었을 때에 옷 입히지 아니하였고 병들었을 때와 옥에 갇혔을 때에 돌보지 아니하였느니라 하시니 44 그들도 대답하여 이르되 주여 우리가 어느 때에 주께서 주리신 것이나 목마르신 것이나 나그네 되신 것이나 헐벗으신 것이나 병드신 것이나 옥에 갇히신 것을 보고 공양하지 아니하더이까 마 25:38,39,43,44

하나님은 그들이 한 행동을 알려주신다.

내가 진실로 너희에게 이르노니 너희가 여기 내 형제 중에 지극히 작은 자 하나에게 한 것이 곧 내게 한 것이니라 마 25:40

나만을 위해 살지 않겠다!

때를 따라 양식을 나누어주는 자는 누구인가? 잔치 비유를 떠올려보라. 잔치에 어떤 자를 초대해야 하는가? 갚지 못하는 자들을 초대하라고 하셨다. 가난한 자, 몸 불편한 자, 맹인, 다리 저는 자, 나에게 갚을 수 없는 자에게 베풀라고 하셨다. 그러면 나중에 하나님이 갚으신다고 말씀하셨다.

"네가 있는 그곳에 너보다 작은 자들이 위로를 받게 하라. 그 작은 자에게 한 것이 바로 나에게 한 것이라"고 말씀하시는 것이다. 다른 말로 하면, 그 작은 자를 나에게 붙인 분이 바로 하나님이시라는 것이다. 이것이 세상의 빛으로, 작은 능력을 가지고 인내의 말씀을 지키는 것이다. 하나님이 우리에게 주신 물질, 재능을 어떻게 사용하고 있느냐고 질문하시는 것이다.

그것들을 어떻게 사용하고 있는가? 말씀을 지키는 자로서 하나님의 사랑을 실천하는 것이다. 큰돈을 말하는 것이 아니다. 자기에게 있는 두 렙돈을 헌금한 과부 이야기를 잘 알 것이다. 내가 전도사 시절 교인이 60명 정도 되는 작은 교회에서 설교한 적이 있다. 예배를 마치고 나가려는데, 어느 할머니 성도님이 "전도사님, 감사해요"라고 하며 만 원짜리 한 장을 내 손에 꼭 쥐여주셨다. 임신한 아내에게 과일이라도 사주라고 하시면서 말이다. 그러고 불현듯 가버리셔서 나는 그 분의 얼굴도 잘 모른다. 그런데 그 만 원짜리 한 장을 평생 잊지 못한다. 큰돈이 역사하는 것은 아니다. 선교비 명목으로 큰돈을 후원받은 적도 있지만, 내게 깊이 기억되는 것은 그 만 원짜리 한 장이었다.

우리는 무엇을 준비하고 있는가? 무엇을 먹을까, 무엇을 마실까, 무엇을 입을까 걱정하는 것은 나를 위한 세상적인 준비이다. 물론 그것도 해야 한다. 죽는 날까지 준비해야 한다. 그러나 내 것만이 아니라 주님이 기뻐하시는 것을 위해 준비해야 한다. 나는 오래전에 '나눔 통장'을 만들었다. 여윳돈이 생길 때마다 조금씩 따로 떼어 무리하지 않게 모으고 있다. 물론 그 통장에 잔고가 많이 쌓이면 개인적으로 빼서 쓰고 싶은 충동이 일어날 때가 있다. 어느 때는 이 통장 잔고가 내 통장보다 더 많았다. 꾸준히 쌓아왔기 때문이다.

그런데 이것은 나만을 위해 살지 않겠다는 노력이다. 하나님께서는 언제나 내 옆에 천사를 붙이신다. 내 옆에 작은 자를 붙이신다. 내가 하나님의 통로가 되면 내 옆의 소자는 하나님의 은혜를 입게 된다. 우리나라 사람들은 다른 먼 나라 선교사와 아이들에게 관심이 많은 것 같다. 그리고 상대적으로 내 옆의 소자에게는 무심하다. 그러나 가까운 사람부터 돌보는 것이 순서이다. 내 옆에 있는 사람에게 몰래 밥을 사고, 힘든 사람이 있으면 살짝 돈도 찔러줘라. 하지만 조심스러워야 한다. 상대를 부끄럽게 해서는 안 된다. 남에게 주는 것을 아까워하지 말자. 하나님이 갚아주실 것이다. 하나님은 내가 가진 물질을 어떻게 쓰는지, 내 재능과 시간을 나만을 위해 쓰는지 다 보신다. 이것이 양과 염소 비유의 중요한 포인트이다.

갚을 수 없는 자들에게 베풀고 나누는 삶

남에게 베푸는 것은 돈이 많아서가 아니다. 내가 가진 것에서 나누는 것이다. 조금이라도 나눌 수 있다. 누군가를 위로하고, 누군가를 세우고, 누군가에게 베푸는 것은 크게 돈 드는 일이 아니다. 인색하지 말라. 그렇다고 통장도 깨고 보험도 깨서 베풀라는 말이 아니다. 베풀면서 자기 삶을 망가뜨리는 것은 잘못 베푸는 것이다. 감정적으로 베풀어서도 안 되고, 기도하며 베풀어야 한다. 무엇보다 베풀면서 자랑하지 않기를 바란다. 갚을 수 없는 자에게 베풀 수 있기를 바란다.

마지막을 준비할 때 우리에게 큰 재앙이 올 것이다. 그러나 그 재앙은 정치, 세계, 경제를 알아도 해결할 수 없다. 단 한 가지, 작은 능력을 가지고 인내의 말씀을 지키는 자를 하나님께서 보호하실 것이다. 어린아이처럼 주님을 바라볼 수 있도록 말씀과 기도로 삶을 준비하고 맡겨진 곳에서 성실하게 살아야 한다. 하나님이 맡겨주신 것을 하나님도 인정하실 것이다. 그곳에 하나님이 붙여주신 천사들이 있을 것이다. 나 하나만 믿고 가느냐, 내 옆에 나에게 붙여주신 사람들을 돌보며 가느냐에 대한 문제이다.

복의 통로가 되라!

여호수아서 2장에는 두 정탐꾼이 여리고에 갔을 때 라합의 도움을 받아 목숨을 구하고 나서 나중에 이스라엘이 이 땅에 들어올 때 창문에 붉은 줄을 매면 라합과 라합의 집에 모인 모든 사람들을 살리기로 하는 사건이 기록되어 있다. 출애굽 당시 양의 피를 바른 집 안에 있는 모든 자가 구원받은 것과 같다. 그러니 내 옆 사람이 나 때문에 구원을 얻어야 한다. 천국에 갔을 때 "하나님, 저 사람이 제게 복의 통로였어요! 저 사람 때문에 제가 신앙생활 할 마음이 생겼어요"라는 말을 들을 수 있어야 한다.

천국에 가면 네 가지 놀랄 일이 있다고 한다. 첫 번째는 내가 천국에 온 것이 놀랍고, 두 번째는 천국에 와 있을 거라고 굳게 믿었던 사람이 안 와서 놀라고, 세 번째는 저 사람은 절대 못 오겠다고 생각했는데 그가 와 있어서 놀란다고 한다. 네 번째는 전혀 모르는 사람이 내 손을 덥석 잡는다는 것이다. "고마워요. 당신이 아프리카를 위해 헌금하고 기도해준 덕에 내가 살았어요. 그때는 몰랐는데 천국에 와서 그 공급이 당신의 손길이었다는 것을 알았어요. 고마워요"라고 말해서 놀란다는 것이다.

우리가 대단한 것은 못 해도 누군가를 위해 기도하고, 인내하고, 베풀어서 "저 사람이 복의 통로였다. 저 사람과 함께하는 것이 복이다" 이런 말을 들을 수 있기를 바란다. 그렇게 내가 구원의 통로가 되면 하나님이 나를 보호하실 것이다. 하나님이 보호하시고 이끌어주실 것이다. 환난을 두려워하지 말고 내 자리에서 성도의 삶을 잘 살아가면, 노아가 방주를 지어 구원을 받은 것처럼 놀라운 구원을 받게 될 것이다. 노아처럼, 어린아이처럼 충성스럽게 산다면 하나님이 반드시 지켜주실 것이다.

우리는 그 하나님의 보호하심을 믿고 미혹되지 말아야 한다.

거짓 그리스도들과 거짓 선지자들이 일어나 큰 표적과 기사를 보여 할 수만 있으면 택하신 자들도 미혹하리라 마 24:24

마지막 때에 택한 자라도 미혹한다는 것은 큰 표적과 기사뿐 아니라 말씀에 대한 미혹도 포함한다. 그래서 우리는 배우고 확신한 일에 거해야 한다. 말씀에 확실한 뿌리를 두지 않으면 설교를 통해서도 현혹될 수 있다. 마지막 때는 그 누구의 말도 따르면 안 된다. 성경에 맞는지 여러분이 보고 듣고 분별하고 판단하고 따라가야 한다. 말씀만이 기준이다. 우리 안에 말씀이 있어야 한다. 우리 안에 말씀이 없다면 미혹당하기 쉽다. 그러나 말씀이 분명하면 속을 수가 없다. 그 말씀을 어떻게 증명하고 조명하겠는가? 우리 안에 계신 성령님이 조명하신다. 생각나게 하시고 깨닫게 하신다. 우리를 이끌어가신다. 말씀을 일점일획도 변질시키지 말아야 한다.

모든 말씀이 마지막 때에 말씀을 붙잡고, 태도를 삼가고, 경건하게 살아가라고 이른다. "아내들아 복종하라", "남편들아 사랑하라", "자녀들아 부모에게 복종하라", "자녀를 노엽게 하지 말라"(골 3:18-20 참조). 우리는 실제적인 삶으로 살아가는 것이다. 이렇게 살려고 애쓰는 자, 맡겨진 일에 성실한 자에게 하나님이 다음과 같이 약속하신다. "네가 환난 날에 작은 능력을 가지고서도 나의 인내의 말씀을 지켰은즉 내가 또한 너를 지켜 시험의 때를 면하게 하리라"(계 3:8-10 참조).

나도 재앙이 두렵다. 어떻게 안 두렵겠는가? 그런데 내게 닥칠 재앙도 두렵지만, 내 아내와 자식들, 훗날 태어날 손자들이 당할 종말이, 그 아이들이 살아갈 세상이 두렵다. 그런데 나는 이 말씀을 묵상하고 나서 하나님 앞에서 평안을 배웠다. '그래, 세상을 보지 말자. 하나님은 하나님의 일을 하시니 나는 내 일을 하자! 죽을 때까지 말씀을 전하고 기도하며 하나님이 맡기신 곳에서 살아가자! 하나님 앞에 천국 적금을 들어놓자. 조금씩 몰래 베풀고 섬기자. 하나님 앞에 쌓자. 그리스도의 마음으로 하자. 조금씩 해두자. 그렇게 살아가자. 그리고 시간이 남으면 내 아들 손자들, 내게 맡겨주신 사람들을 위해 기도하자! 그들이 만약 기도하지 못할 때 내 기도가 쌓여 사랑하는 그들에게 도움이 되도록 하자. 은퇴하면 무엇을 할까? 생명이 있는 날까지 말씀을 붙잡고 나에게 맡겨진 사람들을 가르치며 사역과 맞바꾼 시간만큼 더 많은 기도를 해야겠다. 내 할 일을 하자. 그러면 하나님이 내 인생 속에서 하나님의 일을 하실 것이다.'

그렇게 생각하고 나니까 마음이 편해졌다. 여러분도 여러분의 일을 하라. 성령충만하고, 지혜롭고, 성실하고, 때를 따라 나눠주는 사람이 돼라. 많든 적든 여러분은 복의 통로가 되어야 한다. 이 복을 나눌 수 있는 복의 통로가 되기를 진심으로 축복한다.

오늘을 분명히 준비하고 / 살아내는 신앙

세상은 넓고 사람은 많지만 실제로 내가 만나는 사람은 제한적이고 내가 해야 할 일 또한 분명하다. 그러므로 하나님이 나에게 주시는 소명은 지금 내가 만나는 사람들과 오늘 내가 해야 할 일들 가운데 있다. 신앙은 추상적이지 않다. 구체적인 삶 속에서 나에게 맡겨진 그리 크지 않은 일들에 충성할 뿐이다. 그래서 성령충만한 사람들은 하늘을 바라보며 살지만 주어진 현실에서도 충성되게 살아간다.

코로나로 인해 마지막 때를 준비하라는 주님의 마음을 받았고 이 책을 쓰게 되었다. 시간이 지날수록 주님의 말씀이 더 구체적으로 현실화될 것이고 환난도 더 많아질 것이다. 지금도 앞으로 다가올 세상의 환난을 바라보면 가슴이 무겁지만, 여전히 우리를 이끌어 가시는 주님을 바라보기에 주를 향한 마음 또한 깊어진다. 마치 갈릴리 호수 위에 풍랑이 이는 물결 위로 걸어오시는 주님이 연상되듯 말이다.

마지막 때는 세상의 거친 폭풍이 불어닥칠 것이다. 그러나 그 중심에 여전히 주님이 계신다. 무엇을 보고 갈 것인가? 세상의 환난과 폭풍을 보면 물에 빠져 들어가겠지만, 예수를 보면 물 위를 걸을 수 있다.

10 또 내게 말하되 이 두루마리의 예언의 말씀을 인봉하지 말라 때가 가까우니라 11 불의를 행하는 자는 그대로 불의를 행하고 더러

운 자는 그대로 더럽고 의로운 자는 그대로 의를 행하고 거룩한 자는 그대로 거룩하게 하라 12 보라 내가 속히 오리니 내가 줄 상이 내게 있어 각 사람에게 그가 행한 대로 갚아주리라 계 22:10-12

계시의 말씀인 요한계시록을 마무리하면서 명령하신 말씀이다. 나는 이 말씀 중에서 '그대로'라는 부분이 가장 두렵다. 삶은 하루아침에 변하지 않는다. 불의를 행하는 자는 그대로 불의를 행하고 거룩한 삶을 사는 자는 그대로 거룩하게 사는 것이다. 그러므로 오늘의 나를 점검하라. "오늘의 나는 불의한 삶 가운데 있는가? 거룩한 삶을 바라보고 있는가?" 우리는 이 점을 깊이 성찰해야 한다. 그리고 지금 기회가 있을 때 돌아서고 준비해야 한다.

3년 6개월의 기근 가운데 까마귀를 통해 먹이시고 사르밧 과부를 통해 엘리야를 지키신 하나님께서 환난 가운데 주의 자녀를 먹이시고 입히시는 은혜를 베푸실 것이다. 성도는 환난이 온다고 두려워해서도 안 되지만 평안해진다고 나태한 삶을 살아서도 안 된다. 그리스도인의 삶은 주를 향한 믿음을 굳건히 하되 세상을 살아가는 긴장의 끈 또한 놓아서는 안 된다.

그리스도인의 시간은 하나님께 쓰임받는 시간과 준비하는 시간밖에는 없다. 지금은 준비하고 깨어 있어야 할 때이다. 코로나 이후에 우리 신앙의 모습은 어떠할까? 과연 교회는 그동안 모이지 못한 만큼 더욱 예배와 교제가 풍성해질까? 의문이 생긴다. 그러나 지금 나의 자리에서 예배와 말씀과 기도의 싸움을 하는 자에게만 그것이 선물로 주어질 것이다.

신앙의 싸움은 항상 '지금', '오늘'을 살아내는 데 있다. 오늘을 성실히 준비한 자에게 내일은 선물로 주어질 것이다. 그러나 오늘을 깨어 준비하지 않는다면 내일을 큰 고난으로 맞이하게 될 것이다. 오늘이 내일을 준비하는 은혜의 날임을 기억하라. 그리고 오늘의 나에게 붙여주신 사람과 맡겨주신 일에 대하여 주님 앞에 성심을 다하기 바란다.

우리는 살아 계신 하나님을 믿는다. 주의 자녀들이 오늘을 분명히 준비하고 살아간다면 내일은 주님이 풍성한 은혜로 채워주실 것이다.

천국을 소망하며

김남국 목사

준비하고 있으라

초판 1쇄 발행   2021년 8월 9일
초판 6쇄 발행   2021년 9월 30일

지은이   김남국

펴낸이   여진구
책임편집   안수경 김도연 최은정
편집   이영주 기은혜 정선경 최현수 김아진 정아혜
책임디자인   노지현 조은혜 | 마영애
기획·홍보   김영하
마케팅   김상순 강성민 허병용   마케팅지원   최영배 정나영
제작   조영석 정도봉   경영지원   김혜경 김경희

303비전성경암송학교 유니게과정   박정숙 최경식
이슬비전도학교 / 303비전성경암송학교 / 303비전꿈나무장학회   여운학

펴낸곳   규장

주소   06770 서울시 서초구 매헌로 16길 20(양재2동) 규장선교센터
전화   02)578-0003   팩스   02)578-7332
이메일   kyujang0691@gmail.com   홈페이지   www.kyujang.com
페이스북   facebook.com/kyujangbook   인스타그램   instagram.com/kyujang_com
카카오스토리   story.kakao.com/kyujangbook
등록일   1978.8.14. 제1-22

규 | 장 | 수 | 칙

1. 기도로 기획하고 기도로 제작한다.
2. 오직 그리스도의 성품을 사모하는 독자가 원하고 필요로 하는 책만을 출판한다.
3. 한 활자 한 문장에 온 정성을 쏟는다.
4. 성실과 정확을 생명으로 삼고 일한다.
5. 긍정적이며 적극적인 신앙과 신행일치에의 안내자의 사명을 다한다.
6. 충고와 조언을 항상 감사로 경청한다.
7. 지상목표는 문서선교에 있다.

하나님을 사랑하는 자 곧 그의 뜻대로 부르심을 입은 자들에게는 모든 것이 合力하여 善을 이루느니라(롬 8:28)

 Member of the
Evangelical Christian
Publishers Association

규장은 문서를 통해 복음전파와 신앙교육에 주력하는 국제적 출판사들의
협의체인 복음주의출판협회(E.C.P.A:Evangelical Christian Publishers
Association)의 출판정신에 동참하는 회원(Associate Member)입니다.